I0566832

DISCLAIMER

The author and publisher are providing this book and its contents on an "as is" basis and make no representations or warranties of any kind with respect to this book or its contents. The author and publisher disclaim all such representations and warranties, including but not limited to warranties of merchantability. In addition, the author and publisher do not represent or warrant that the information accessible via this book is accurate, complete, or current.

Except as specifically stated in this book, neither the author nor publisher, nor any authors, contributors, or other representatives will be liable for damages arising out of or in connection with the use of this book. This is a comprehensive limitation of liability that applies to all damages of any kind, including (without limitation) compensatory; direct, indirect, or consequential damages; loss of data, income, or profit; loss of or damage to property; and claims of third parties.

FIRST EDITION - Published 2022

Extra Graphic Material From: www.freepik.com
Thanks to: Alekksall, Starline, Pch.vector, Rawpixel.com, Vectorpocket, Dgim-studio, Upklyak, Macrovector, Stockgiu, Pikisuperstar & Freepik.com Designers

This Book Comes With Free Bonus Puzzles
Available Here:

BestActivityBooks.com/WSBONUS20

5 TIPS TO START!

1) HOW TO SOLVE

The Puzzles are in a Classic Format:

- Words are hidden without breaks (no spaces, dashes, ...)
- Orientation: Forward & Backward, Up & Down or in Diagonal (can be in both directions)
- Words can overlap or cross each other

2) ACTIVE LEARNING

To encourage learning actively, a space is provided next to each word to write down the translation. The **DICTIONARY** allows you to verify and expand your knowledge. You can look up and write down each translation, find the words in the Puzzle then add them to your vocabulary!

3) TAG YOUR WORDS

Have you tried using a tag system? For example, you could mark the words which have been difficult to find with a cross, the ones you loved with a star, new words with a triangle, rare words with a diamond and so on...

4) ORGANIZE YOUR LEARNING

We also offer a convenient **NOTEBOOK** at the end of this edition. Whether on vacation, travelling or at home, you can easily organize your new knowledge without needing a second notebook!

5) FINISHED?

Go to the bonus section: **MONSTER CHALLENGE** to find a free game offered at the end of this edition!

Want more fun and learning activities? It's **Fast and Simple!**
An entire Game Book Collection just **one click away!**

Find your next challenge at:

BestActivityBooks.com/MyNextWordSearch

Ready, Set... Go!

Did you know there are around 7,000 different languages in the world? Words are precious.

We love languages and have been working hard to make the highest quality books for you. Our ingredients?

A selection of indispensable learning themes, three big slices of fun, then we add a spoonful of difficult words and a pinch of rare ones. We serve them up with care and a maximum of delight so you can solve the best word games and have fun learning!

Your feedback is essential. You can be an active participant in the success of this book by leaving us a review. Tell us what you liked most in this edition!

Here is a short link which will take you to your order page.

BestBooksActivity.com/Review50

Thanks for your help and enjoy the Game!

Linguas Classics Team

1 - Antiques

```
D V A K O A N B F K E I A B M M
A F L T A O G E W V Z O R E E L
U V T C O I Z N R M O E T R N E
C E Z A L L X E X P H M E R D H
G F A U I A W T T N I O A E E N
F P R D T B K A I B K Z E Z A P
G F I H S N A K J B O A T A O P
H O A R E D N O U L A H A R I E
E I K B H I O A Z L E A T R S L
T Z D L D X P T V F Y R I I T A
N A P P O L N A O A Y R L X R C
A R M A A T A X G R J A A X E O
K O O E T W X P F V E D K H B O
N K G J A A T E W V V A I Y N W
E E P R E Z I O A G A L E R I A
A D A K R A M A H R T R S K C F
```

ARTEA	INBERTSIOA
ENKANTE	BITXIAK
BENETAKOA	ZAHARRA
MENDEA	PREZIOA
TXANPONAK	KALITATEA
HAMARKADA	BERREZARRI
DEKORAZIO	EZPATA
DOTOREA	ESTILOA
ALTZARIAK	EZOHIKOA
GALERIA	BALIOA

2 - Food #1

```
Y K C A A K A H A B L A A Y V I
E E W B Z I P S L S U Y F K K E
U S T R E A O I U K A N E L A N
D N N I N M C M P I E U T B K T
A E L K A G G L I K A T E A A S
R Y I O R C A P T L C A U K N A
E P X T I A E T N J L O H A I L
A Y K H O J R R Z H R U A R P A
J E K L A U K U Z A M Z K T S D
V A V B M E U K D D A A A X E A
Y H U P O J Z E E J R X K U H S
A R B I A O A B U T R Z A A S A
G A R A R R A A G D U E O V W N
V Z F F P M F U G N B V I P T U
F W E C G P M E M Y I D G A A A
N F T N P N D X I E Z E H I V C
```

ABRIKOT
GARARRA
ALBAHAKA
AZENARIOA
KANELA
BAKARTXUA
ZUKUA
LIMOIA
ESNE
TIPULA

KAKAHUETE
UDAREA
ENTSALADA
GATZA
ZOPA
ESPINAKAK
MARRUBI
AZUKREA
ATUN
ARBIA

3 - Measurements

```
S K U H M U V R I O F G A O K V
S H C A V E C K H X C R L R I H
E U P T F K Z G R A M A T L L I
O H K B E D N U M I S D U I O K
R A I R R A T Z U E A U E T M I
E Z U K I Z E M S G T A R R E L
I T U S C E M N O G Y R A O T O
H G C X I M S D S Y Z U O A R G
C G Y B C P D H F C Z C Y A O R
S A K O N A O N O T C W A U A A
U U Z G F I L B O L U M E N A M
Z T I T L U Z E R A M B H P T O
A U G Z N H A M A R T A R R A A
F N N B A O R T E M I T N E Z J
D I H N Z A B A L E R A H X T H
N M R X V V H P A P E L X K P O
```

UZTARRIA	LUZERA
ZENTIMETROA	LITROA
HAMARTARRA	MEZA
GRADU	METROA
SAKONA	MINUTUA
GRAM	ONTZA
ALTUERA	TONOA
HAZT	BOLUMENA
KILOGRAMOA	PISUA
KILOMETRO	ZABALERA

4 - Farm #2

```
A A N I M A L I A K U P R J M P
N R A R K U D I A A U L I U K U
U E D W L A R U R E Z T A T Z E
H D K I P H C X K R R P T W X G
X I P A A M F P O Y K U V V H
B U B J Z K C E E T Y R R H W S
E G B Z T A R K N K W E F B B K
L A Z L A I R A N A J S P L D V
A R G U R K A I R R F N F K B T
D I G U A X H I A T C E R J B J
I A F A B C A H A I S A R T O A
A T O R R E T A W L L K L K O N
I H P T X A E C L L D G I G O A
T O X S E G R O S A G M F I B U
R E S B I V V R I M B S L K X I
B A R A Z K I B A A D N N X M O
```

ANIMALIAK	LLAMA
GARARRA	BELADIA
UKUILUA	ESNE
ARTOA	BARATZA
AHATE	ARDIAK
NEKAZARIA	TRAKTOREA
JANARI	BARAZKI
FRUTA	GARIA
UREZTATZE	ERROTA
ARKUDIA	

5 - Books

```
E H I S T O R I K O A T K T B M
R G D U A L I T A T E A R E M K
H W I U M O R E Z K O A O S B G
A W D L M H L E M U X A R T F A
O B Y A E L R U K A R I R U D R
K A E L I A Z T A M S A I I L R
I A T N O C T K I X I O A N I A
R Y O I T M J H R W Y K M G T N
P O E M A U P B A S I I U U E T
V L X A L V R L L V P P D R R Z
I D A T Z I A A A P U E L U A I
B B H P C H I G T O I R I A R T
T R A G I K O D N E N D B H I S
P A O H L R H X O S A P C B O U
O M H T Z H S E K I L B V H A A
E L E B E R R I A A Z E K S X B
```

ABENTURA	KONTALARIA
EGILEA	ELEBERRIA
BILDUMA	ORRIA
TESTUINGURUA	POEMA
DUALITATEA	POESIA
EPIKOA	IRAKURLEA
HISTORIKOA	GARRANTZITSUA
UMOREZKOA	IPUINA
ASMATZAILEA	TRAGIKO
LITERARIOA	IDATZIA

6 - Meditation

```
K E K M P W F V O Y K N S A E A
A M Z U G E O A X N B M Z M S R
R O W G F G R C B N J K P P K G
N Z O I K Z P S I S I L D U E I
A I E M M B C W P A N S E R R T
S O W E U E X R B E N T K U O A
K A M N T W K U C Z K K M B N S
E K K D W K N Y W T Y T U T U U
T P E U F N L F T R Z K I G J N
A E K A B L U P F A G N F B C A
I O N D O T A S U N A A I N A A
K S A G E H O O B O I T A E K N
U L L T W K G Z U C A U D X I X
R O T Z L X O Y T U S R U R S F
R E R F U A G A V K A A F I U A
E M Z J B P S N B W L E T N M Y
```

ONARTZEA
ESNA
ARNASKETA
LASAIA
ARGITASUNA
ERRUKIA
EMOZIOAK
ESKER ON
ONDOTASUNA

BURU
GOGOA
MUGIMENDUA
MUSIKA
NATURA
BAKEA
PERSPEKTIBA
ISILDU

7 - Days and Months

```
A G A L A R I T S O A B X Y S A
U J S N U R T E A U E B G M N S
Z F T I U U I A D J E M U F B T
T Y E Y L G I W S O H M O Z A E
A A L N O A E T E B A L I H T A
I P E I K H E T M A R T X O A U
L I H H J I J A S O H H E W A H
A R E Y A K X J E O A R G H Z C
N I N O T S A I L A L D U J A B
B L A J J G I E X R I O T J R X
M A F T M M R B D V R I E V O H
J C L B U X R J A N R T G B A Z
I A B I H W U J F Y A O I I H D
A S T E A Z K E N A T G A O M N
A S T E A R T E A O R X I Z F M
I R A I L A T A B N U R A L I M
```

APIRILA
ABUZTU
EGUTEGIA
OTSAILA
OSTIRALA
URTARRILA
UZTAILA
MARTXOA
ASTELEHENA
HILABETEA

AZAROA
URRIA
LARUNBATA
IRAILA
IGANDEA
OSTEGUNA
ASTEARTEA
ASTEAZKENA
ASTEA
URTEA

8 - Energy

```
Z T R D J R U M E X W J H D N G
B E U P Z X T O N O B R A K U A
K D R R J A I R T S U D N I K S
U R M E B U D Y R O F E N K L O
T I G R B I V W O H F I Z G E L
S N N T Y E N F P I X D M W A I
A U C G K L L A I O T O F P R N
D L Y C U W K E A O R E B D R A
U V Y X H R M Z K S O Z Z I A I
R A H G H N U F W T K P G E I A
A U M I K D A N U R R U L S R G
I E G U Z K I A E M T O P E E E
M O T O R R A K A A C F I L T R
E L E K T R I K O A D S X A A R
H I D R O G E N O A T F T Z B E
H A I Z E A F U H J V T D O N S
```

BATERIA	HIDROGENOA
KARBONO	INDUSTRIA
DIESEL	MOTORRA
ELEKTRIKOA	NUKLEARRA
ELEKTROIA	FOTOIA
ENTROPIA	KUTSADURA
INGURUNEA	LURRUNA
ERREGAIA	EGUZKIA
GASOLINA	TURBINA
BEROA	HAIZEA

9 - Archeology

```
U Y L N C K Z E F A P J S F H P
S C O Y U W I Z E O P M S K E H
E H X E L G B E O G S A C D Z I
U B Y K A N I Z T N A I W I U L
R E A U T I D A R E I Z L Z R O
T H U L Y M R G J R K M P A R B
E H L M U N I U Y O I R E E A I
A S P S I A G N I D L I O D K A
K A N J F S Z A L N R P Y L X T
Z V E L S Y T I S O E Y T A Z W
M E T E Z T P E O P H M C T P L
A N A L I S I A R A A H A Z T U
O B J E K T U A K I E O J L P I
V N D D K W Y X B C O J S K J R
I K E R T Z A I L E A A G Y D P
L Z I B I L I Z A Z I O A S T N
```

ANALISIA
ANTZINAK
HEZURRAK
ZIBILIZAZIOA
ONDORENGOA
ERA
EBALUAZIOA
ADITUA
AHAZTU
FOSILA

MISTERIOA
OBJEKTUAK
ERLIKIA
IKERTZAILEA
TALDEA
TENPLUA
HILOBIA
EZEZAGUNA
URTEAK

10 - Food #2

```
U A X H L M W M A G A P I O A A
M P X W N P P Y Y A E U G V U R
V A O K I P Z A I A D R U V H R
L A Y V G G M M X B M T E M N A
O N G O A A A B B L I T A Z T U
Z I U S R Z H A N I A R R A I T
R J L R I T A R U Z D U I N B Z
H N N A A A T R V C B G F A V A
F E J S S L S O B B R O N N T C
A R L A P K A Z N I O J S A P F
B E T H E D O A S C K G A B B K
F B X U I T C A X G O F L C Z F
K I D E E N A E T A L O K O X T
S A G A R R A M G C I A K J S A
O R B U R U A K O C A J R P M E
I R G N U F O J Z T O N D D O T
```

SAGARRA	BERENJINA
ORBURUAK	ARRAINA
BANANA	MAHATSA
BROKOLIA	URDAIAZPIKOA
APIOA	KIDEEN
GAZTA	ONDDO
GEREZI	ARROZA
OILASKOA	TOMATEA
TXOKOLATEA	GARIA
ARRAUTZA	JOGURT

11 - Chemistry

```
M W C I E T L R Y R J K J P H O
M O L E K U L A T I N L W V J Y
W G O V K A R B O N O O O W A T
T I A O K I N A G R O R G P O B
P E O G N D E P E J W O S F N C
I K N K A L I Z A T Z A I L E A
S S E P F O L A L I E I B N G O
U P G U E E N M T J D O F U O K
A P I V B R L I I O P R G K R I
B P X L Z M A Z L O K T A L D M
J A O Y Y M D T R A N K S E I O
L I K I D O A N U O K E A A H T
A Z I D O A Z E M R J L A R Y A
I R D R W M T S F E A E A R R R
S V R P Y E A T O B U E E A U R
E L I K G P G V H X K Y K T M E
```

AZIDOA	HIDROGENOA
ALKALINOA	ION
ATOMIKOA	LIKIDOA
KARBONO	MOLEKULA
KALIZATZAILEA	NUKLEARRA
KLORO	ORGANIKOA
ELEKTROIA	OXIGENOA
ENTZIMA	GATZA
GASA	TENPERATURA
BEROA	PISUA

12 - Music

```
I  W  Y  G  M  A  N  U  X  I  B  W  R  O  J  Y
C  X  F  W  O  C  K  A  O  I  Z  A  B  A  R  G
K  J  K  V  F  E  X  C  U  A  U  E  L  O  X  I
B  F  V  S  Z  B  B  X  I  O  H  K  E  M  G  V
K  L  A  S  I  K  O  A  U  R  O  K  P  T  X  S
M  A  G  B  H  E  U  K  T  Y  M  U  S  I  K  A
E  M  L  J  T  M  V  M  A  I  N  O  M  R  A  H
L  I  V  B  I  I  D  U  T  N  O  D  J  R  R  P
O  K  A  Z  U  A  N  S  E  R  T  P  O  E  L  O
D  R  K  C  T  M  N  I  R  W  S  A  E  D  N  E
I  O  G  I  S  B  A  K  O  B  V  R  R  R  H  T
A  F  Z  L  E  I  O  A  I  D  U  C  M  I  A  I
E  O  N  R  B  G  O  R  B  A  L  A  D  A  A  K
C  N  K  G  A  R  D  I  L  I  R  I  K  O  A  O
A  O  H  A  R  M  O  N  I  K  O  Z  P  V  I  A
W  A  E  R  R  I  T  M  I  K  O  A  T  P  D  U
```

ALBUMA	MUSIKA
BALADA	MUSIKARI
KORUA	OPERA
KLASIKOA	POETIKOA
HARMONIKO	GRABAZIOA
HARMONIA	ERRITMOA
TRESNA	ERRITMIKOA
LIRIKOA	ABESTU
MELODIA	KANTARIA
MIKROFONOA	BOKA

13 - Family

```
V C M C A B E Z I Z D T N I L C
F A Z O I O U O S A B A E L N D
F M L H T L K M E Y E G R O X E
H N X S O E A D E A I T A B A D
G J U V N H B A N A I A T A F E
I C F H A U J I B R A H I D L K
V L M R K S H H L W L H A A H F
G R X A B K J B O O I Z E J R G
V O U R K U D H R S B H T C V O
A X A R P A E K R N D A Z W Y Y
C Z A E J B B H A U R R A K O E
T O I B P A M A I D T H M M W W
U R C A U L E L S E O K E U D V
X L V L E A N O M A Z G B A Y M
S E N A R R A P P U H Z Y F T F
H A U R T Z A R O A R N W C R X
```

ASABA   AITONA
IZEBA   AMONA
ANAIA   BILOBA
UME   SENARRA
HAURTZAROA   AMA
HAURRAK   ILOBA
LEHUSKUA   AITAREN
ALABA   ARREBA
AITA   OSABA
DEDEK   EMAZTEA

14 - Farm #1

```
H A E W M A R R U K A X T Z B D
T B J Z T R S B L V W A U E I Z
T N S T A R R T H C A I B L S B
W Y N B B U F X O H A D U A O E
T S F E D H K A T U A P A I N L
H B N K K C W E A O E L E A T E
E U W D K A O K S A L I O E E A
E Z T I A O Z L R D R H W J P T
F J X R I R K A W A E E E J X H
I G A J S A Z O R R A B E X D B
X C A A E G O L G I Z A L D I A
Y C O Z H Z C R F E T H C U W J
U F O F S F K R K Z P Z J P K B
H A Z I A K G Y E T S J A U B O
O N G A R R I P C K V F N P O D
L L J T U E A X M C L U R Z T C
```

NEKAZARITZA   HESIA
ERLEA   ONGARRI
BISONTE   ZELAIA
EEP   ACHURRA
KATUA   GAROA
OILASKOA   EZTIA
BEHI   ZALDIA
BELEA   ARROZA
TXAKURRA   HAZIAK
ASTO   URA

15 - Camping

```
S  U  T  E  G  S  X  R  F  U  L  N  D  Y  N  H
A  T  P  K  V  N  T  E  P  O  E  Z  I  Z  A  Y
I  H  L  S  A  S  A  P  N  O  K  Z  D  U  T  D
N  F  H  O  O  I  X  U  H  Y  N  X  I  H  U  A
T  F  U  O  S  I  L  M  X  J  R  U  B  A  R  F
Z  K  B  I  A  P  R  A  K  Y  V  X  E  I  A  V
I  M  P  O  B  R  T  P  M  N  X  T  R  T  T  M
R  H  A  M  A  K  A  A  Z  I  H  E  T  Z  P  Y
A  I  G  R  A  L  I  P  U  L  N  Y  I  A  J  H
D  S  Z  L  A  B  E  N  T  U  R  A  G  K  J  L
Y  O  Z  G  U  M  Z  M  K  A  O  N  A  K  G  B
T  X  A  P  E  L  A  E  E  J  K  I  R  K  L  H
H  S  T  Z  R  V  P  N  S  B  U  B  R  C  U  P
S  O  K  A  B  H  F  D  T  I  I  A  I  K  Z  G
B  T  R  S  L  J  A  I  N  H  H  K  A  V  A  I
N  N  W  O  J  W  T  A  I  D  K  K  I  O  S  F
```

ABENTURA	EHIZA
ANIMALIAK	INTSEKTU
KABINA	AINTZIRA
KANOA	MAPA
KONPASA	ILARGIA
SUTE	MENDIA
BASOA	NATURA
DIBERTIGARRIA	SOKA
HAMAKA	KARPA
TXAPELA	ZUHAITZAK

16 - Algebra

```
V B V I Y I E A A C E J E Z F Y
D I F J O E N K H L G A R A N N
N W L U T A E F U S K E W T C F
A U Z P A B Y G I A F B D I W R
E P B Z D O F A E N Z B X K A E
F O R M U L A J A Z I I S I M Z
U O I C U F O D R Z U T O A A E
X A E D I B I D A E T R U A T N
A D T E Z J Z I Z R K M R L R B
E I M L F L U A O O I R N A I A
R G S D R B L G A U F X U E Z K
O N R U N S O R T P I M F N E I
T W U Y Z U S A U E L G S I A A
K E N K E T A M I H P U D L K L
A I A G A D L A E L S U K A R E
F G R A F I K O A V K M A K G S
```

DIAGRAMA	MATRIZEA
EKUAZIOA	ZENBAKIA
ERAKUSLEA	ADIBIDEA
FAKTOREA	ARAZOA
GEZURRA	SPLIFIKTU
FORMULA	SOLUZIOA
ZATIKIA	KENKETA
GRAFIKOA	ALDAGAIA
INFINITU	ZERO
LINEALA	

17 - Numbers

```
H X Z H N P X L G W B M E P A L
A D K Z X P Z A Z P I E G O H A
M M B E D E R A T Z I J T L N U
A K F O E I P Z A Z A M A H G F
B L E H X S C J B B P I B Z T U
I Z O L A H A M A H I R U Y D H
H S W S N M U K F Z J S U I J U
A E B M X E A R O R Z B J T N E
G B O C Z S J L Z O R T Z I K L
I E S A M A H H A T I O E K N C
I Z T E R E M E H U U T J T J P
I E U U Y A R R A T R A M A H O
D T S O B A M A H M I O V B N B
Y I Z T R O Z A M A H O B I P B
G C W V Z S Y Z H B V P X S D W
W N C I T H T W V X A X U H L L
```

HAMARTARRA
ZORTZI
HAMAZORTZI
HAMABOST
BOST
LAU
HAMALAU
BEDERATZI
HEMERETZI
BAT

ZAZPI
HAMAZAZPI
SEI
HAMASEI
HAMAR
HAMAHIRU
HIRU
HAMABI
HOGEI
BI

18 - Spices

```
Z W A K E N B E E C A S W Z V O
Z A Z T R A Z I L E L I F F R X
M I P D I B H R U H I B E Y U C
Z P T O E D T L P O N I A R W A
K P S G R R U K E N A M R E K N
L I B S B E O Z A Y B D A G U I
P I P E R K I N A N C X M N G S
M B A K A R T X U A E G W I C A
V I G O Z O A L H O U L R G X G
N B N M A R T I N E N Z A X L Y
S J P G X G A T Z A I R F A Z A
E C H V O N I M U K T I P U L A
F U I O D S G L L K T P B F T T
J E S X V N A M I H I L U A G T
P R U D E N T Z I O K P Z E N G
D Y S D N U T M E G U J X T E L
```

ANISA   BAKARTXUA
MINGOSA   GINGER
KERMANEK   LIZARTZA
KANELA   NUTMEG
KEN   TIPULA
MARTINEN   PIPERKINA
KUMINO   AZAFRIA
PRUDENTZIOK   GATZA
MIHILUA   GOZOA
ZAPORE   BANILA

19 - Universe

```
B U R C E Z E R U E R T Z A R W
R E L R G O R B I T Z E A K M V
B A E D U T I T A L Z E R U K O
H A A X Z H E X H C W R G R K A
O S R O K D A L R X U D I J O I
E T I B I M J S E V E Z R M S M
A E S L E R E I M S H Y O A M O
S R O M U U E N L M K L A O I N
T O L M D N O F R T G O Y K K O
R I S V J Z T Z S A W E P A O R
O D T K E U B Z K I F O N I A T
N E I Z E R U A A X M I G D O S
O A Z C H D I E O A V E T O O A
M B I Z X T V V J L D N II Z T Z
O R O T A U K E X A I G R A L I
A I K U S G A I F G I E M H N T
```

ASTEROIDEA
ASTRONOMOA
ASTRONOMIA
GIROA
ZERUKO
KOSMIKOA
ILUNTZA
EKUATOR
GALAXIA
HEMISFERIOA

ZERUERTZA
LATITUDEA
ILARGIA
ORBITZEA
ZERUA
EGUZKI
SOLSTIZIO
TELESKOPIOA
IKUSGAI
ZODIAKOA

20 - Mammals

```
A X O K G H G I H J H C M Z R Z
E H V P N F O U A J D W H Z N E
Z E B R A Z R R R A Z E R I A Z
G N T V Z Y I U T F E X W F I E
U N T X I A L R Z A J L P R D N
T U E A K E L D C R N K A O L A
X Z S A G H A E S I I J R B A W
I T K A I D R A I J P T O N Z F
M W I O K O I O T E A X T T X K
O M T S L R H Z B U S A S K D A
A L Y T V G F E D J R K A F P T
X G E O V O X J L P B U C J X U
E L E F A N T E A I K R G B G A
Z Z X L T J C U Z I X R A N R G
O U K W B L X O S Y F A R A A J
S M X I N U N I I Z P N V O X K
```

HARTZ	GORILLA
CASTORA	ZALDIA
ZEZENA	KANGURU
KATUA	LEHOIA
KOIOTEA	TXIMOA
TXAKURRA	UNTXIA
IURURDEA	ARDIAK
ELEFANTEA	BALEA
AZERIA	OTSOA
JIRAFA	ZEBRA

21 - Bees

```
O G I X V K E D X B C L J N J L
K N G N F U P X T B O L P N Z A
A H U I T R D R N K U O N J R V
E S P R R S U W J K S R E E X U
L E O A A O E T Y Z D E D O N J
I R L N Z D K K A E R A D N A L
A R E A Z D U M T O H I F E I U
Z I N J Z B S N O U E T I R K C
T A A T A T I B A H M Z W R Z W
A N I Z T A S U N A E E S E U P
N L O R A T E G I A N L K G G E
I N T E K O S I S T E M A I E W
L M I S D C R K J W H Y E N D V
O L Y Z T A I R A Z I G R A D C
P F V B L I P O Y V X T O I W T
Z W X V M W A U L S C Z L H R I
```

ONURADUNA   EZTIA
LOREA   INTSEKTU
ANIZTASUNA   LANDAREAK
EKOSISTEMA   POLENA
LOREAK   POLINATZAILEA
JANARI   ERREGINA
FRUTA   KE
LORATEGIA   EGUZKIA
HABITATA   SERRIA
HEMEN   ARGIZARIA

22 - Photography

```
D E F I N I Z I O A R E M A K X
K V O B P N A R G I T A S U N A
H O J W O U W X C E M F E A X G
E C L J H Z Z E R O A M H U Z Z
S M B O O B I B P S P I D U Y X
K P Z J R S A O I L U N T Z A I
G A I A Y E O B J E K T U A B T
I T E S T U R A O K R A M E I Z
K Y V M O S A K E T A L Y T T A
U I T H N L U Z X V P A S S K L
S M R B I S T T M P A K K A E A
I J D E F X A D N U C I P R P K
Z W S L G H M U M N C T C T S A
G H I T A M R H V N B R J N R O
D L V Z L M O X O H O E J O E M
O M V A F F F G Y Y K B B K P L
```

BELTZA   ARGITASUNA
KAMERA   OBJEKTUA
KOLORE   PERSPEKTIBA
OSAKETA   BERTIKALA
KONTRASTEA   ITZALAK
ILUNTZA   GAIA
DEFINIZIOA   TESTURA
FORMATUA   IKUSIZ
MARKOA

23 - Sports

```
X E N V K D C A J V E K E M G V
A O I S A N M I G O U A S U E W
T K Z T A S U N L X K I N G P I
L T X A P E L K E T A O R I C E
E E S T A D I O A S Y L A M F P
T I W K I T E W P T E A R E F A
A B R W S I A Z M P K B Z N V I
D K Y G A B D L L B C I P D S L
H S D I N G B Y D T O K U U T E
N J J Y M O Y I E E H S C A E A
A N E I I L C W W U A A H N N V
B P D L G F P W Y Z N S T H I P
M Y N A Z A T E L K I Z I B S V
I R A B A Z L E A E N S T X A A
B E I S B O L N Z W H G O W B I
J O K A L A R I A A F C U I B Y
```

ATLETA	HOCKEYA
BEISBOL	MUGIMENDUA
SASKIBALOIA	JOKALARIA
BIZIKLETA	EPAILEA
TXAPELKETA	ESTADIOA
JOKOA	TALDEA
GOLFA	TENISA
GIMNASIOA	IRABAZLEA
GIMNASIA	

24 - Weather

```
T H C R T J N B M X O B X B X V
T E O I O Z T N O M G I R O A H
O T N D U M E A N J Y A W X F D
R X P P E H R R B R E S T D H C
N I O T E I Y B U U X P P A T K
A M L R O R S A D A R R O H E L
D I A O R L A N A K A R U I L O
O S R P T A M T V D Z H B Z E C
A T R I Z I I U U X T D G O O H
I A A K A N L M X R I R H T R U
O E U A D O K Y P L A C X Z T C
M Z W L A A L D I C K Z O A E J
O I T A R V V Z C B E Z A K A Y
R A Y G U Y G W E L C N P U Z N
T H X A D R T T N I O G U O C H
C T X C R H Y A B A C U U K S K
```

GIROA	MONTZOI
BREST	POLARRA
KLIMA	ORTZADAR
HODEI	ZERUA
LEORTEA	EKAITZA
LEHORRA	TENPERATURA
LAINOA	TROMOIA
URAKANA	TORNADOA
IZOTZA	TROPIKALA
TXIMISTA	HAIZEA

25 - Adventure

```
N K A N U G A L C T N U Y E V Z
E J N R Y K W V C A X S L K Y L
Z K A J R A S A R U T A N W D B
O A E R A I A F G K F J N T M G
H A D Y V R S X T E P N Y G X M
I Y I K I R D K M R K M C E O M
K M B B X E C U U A D S V D H A
O R L C L B N T E T Y X S E E U
A F I O G M M K Y R S O E R L H
N A B I G A Z I O A A U H T M X
Z A I L T A S U N A G L A A U S
K P R E S T A K E T A Y S S G J
P S E G U R T A S U N A X U A Y
O U F P C I T B B K S U H N E B
Z H G I J U H U B M C R I A E R
A J O I G G E L X I L A X K Y W
```

JARDUERA	IBILBIDEA
EDERTASUNA	POZA
AUKERA	NATURA
ARRISKUTSUA	NABIGAZIOA
HELMUGA	BERRIA
ZAILTASUNA	PRESTAKETA
TXANGOA	SEGURTASUNA
LAGUNAK	EZOHIKOA

26 - Restaurant #2

```
A Z T O Z I X M B H R G G L L F
Z R C K R A K S D K A T U R F O
T E R T V M I C J E W F S W X J
A N G A O Z O G H X H Y A S N Y
G T E O I K J T B Z U X Z R O X
U S K R E N E S P E Z I A K I R
L A O E H P A T A R T A A X B A
V L I B X E L F X D O P P P W C
N A L R P E C Y G M C M S Y U O
X D A E B B A R A Z K I A K A R
A A R Z I V G B J M J Z B C N O
M U A R K X P Y G Z F Z P P Z F
M E L N Z K B A Z K A R I A O J
T T E K W Z K E K V U M K R P C
D K W M I B I S A R D E T U A E
C V B N Y S I F O E G W Z C F R
```

TARTA
AULKI
GOZOA
AFARIA
ARRAINA
SARDETU
FRUTA
IZOTZA
BAZKARIA

ENTSALADA
GATZA
ZOPA
ESPEZIAK
KOILARA
BARAZKIAK
ZERBEROA
URA

27 - Geology

```
E  M  Y  A  D  G  A  E  K  A  L  Z  I  O  A  H
S  G  M  A  Y  B  A  R  R  A  Z  I  D  O  A  Y
T  K  O  N  M  H  O  T  Y  O  M  C  X  K  X  L
A  M  Y  H  T  B  Z  N  Z  V  S  B  L  N  H  C
L  I  P  K  O  A  T  A  R  A  K  I  R  R  U  L
A  B  M  R  Z  R  R  L  W  S  G  G  O  K  T  B
K  H  P  K  J  B  A  I  H  U  A  E  T  A  L  P
T  N  T  A  L  X  U  S  A  W  B  O  Z  O  B  G
I  M  P  L  Y  C  K  O  M  R  A  F  I  L  I  B
T  V  F  A  D  X  B  F  U  P  L  U  D  K  W  D
A  X  D  T  I  G  E  R  U  Z  A  M  N  I  L  E
L  N  O  S  B  R  W  O  V  H  T  A  E  Z  E  L
A  T  M  I  N  E  R  A  L  A  K  D  M  R  E  X
R  I  W  R  G  J  B  A  K  Z  N  A  U  A  M  E
O  T  V  K  L  P  K  X  H  V  U  S  S  K  A  S
K  O  N  T  I  N  E  N  T  E  A  D  G  N  C  C
```

AZIDOA	GEOFUMADAS
KALZIOA	LABA
LEZEA	GERUZA
KONTINENTEA	MINERALAK
KORALA	PLATEAU
KRISTALAK	KUARTZOA
ZIKLOAK	GATZA
LURRIKARA	ESTALAKTITA
EROSIOA	HARRIA
FOSILA	SUMENDI

28 - House

```
B K R B M B L I Y Z H G G R L H
M S E M C G W Z U G I S A T O O
T E K L A K I X B P G U R A R G
I L A X T U D E S U T K A I A O
P T U S M K F B I F L A J G T P
H O R M A Z T A R R E L E E E A
H N I F L A T E M X E D A T G L
E R A I E R T X R K Y E L U I T
S R L E G A O E I R K A I R A Z
I R O W W P G A E M E W A U J A
A Y S K I N T C H M I Z S B S R
O F U O D A N A V N L N E I Z I
I D U Y S L A T I K O A I L M A
H D V K I N I S P I L U A A A K
E C Y P O B N P S A K P Z V G K
L D Y L M W A A H D B R X R Z F
```

ATIKOA	TEKLAK
ERRATZA	SUKALDEA
ERREZELAK	LANPARA
ATE	LIBURUTEGIA
HESIA	ISPILUA
TXIMINIA	SAILA
SOLAIRUA	GELA
ALTZARIAK	DUTXA
GARAJEA	HORMA
LORATEGIA	LEHIOA

29 - Physics

```
M E R L A T I B I T A T E A X F
D E M A I Z T A S U N A I P E O
E E K G D R A Z E M Y E V N D R
N L K A L A S T R E B I N U Y M
T E F O N H O Z W K L W C S H U
S K H I T I A S A G I T N U W L
I T I Z O L K Z X A O M O T A A
T R C A N E P A D E H I I W R F
A O L R P A R T I K U L A K R S
T I D E O L X H K I Z M K F O I
E A P L C U F T E H L H K C T A
A V W E F K P H G M R M H L O I
A C N Z X E W M R A F Y D W M E
A R R A E L K U N X O N L B P R
I H K O A O M S I T E N G A M Y
I S B Y P M X A B I A D U R A R
```

AZELERAZIOA
ATOMOA
KAOSA
KIMIKOA
DENTSITATEA
ELEKTROIA
MOTORRA
HEDAPENA
FORMULA
MAIZTASUNA

GASA
MAGNETISMOA
MEZA
MEKANIKA
MOLEKULA
NUKLEARRA
PARTIKULA
ERLATIBITATEA
UNIBERTSALA
ABIADURA

30 - Dance

```
W  H  C  X  K  V  O  G  E  R  B  V  I  G  D  P
X  U  K  T  R  I  J  X  I  R  M  M  R  N  M  D
I  K  U  S  I  Z  P  U  G  S  R  D  P  E  P  P
S  R  X  A  A  L  A  N  O  I  Z  I  D  A  R  T
N  Y  A  Z  X  T  C  P  D  K  B  W  T  A  T  W
K  U  L  T  U  R  A  O  I  Z  O  M  E  M  Y  M
K  N  F  U  X  K  I  N  B  W  N  G  L  E  O  J
U  J  S  P  C  Y  Z  W  J  A  O  A  H  F  N  A
L  H  Y  R  K  W  A  P  C  H  Z  O  E  B  J  K
T  D  Z  O  G  J  R  E  T  G  F  K  T  N  B  I
U  N  D  G  K  F  G  P  T  O  I  I  I  G  W  S
R  A  K  A  D  E  M  I  A  R  A  S  Y  D  K  U
M  U  G  I  M  E  N  D  U  A  A  A  R  D  E  M
P  O  Z  I  K  L  C  T  N  W  R  L  L  S  Y  A
K  O  R  E  O  G  R  A  F  I  A  K  E  C  L  F
F  Z  E  A  D  I  E  R  A  Z  P  E  N  A  E  R
```

AKADEMIA	GRAZIA
ARTEA	POZIK
GORPUTZA	MUGIMENDUA
KOREOGRAFIA	MUSIKA
KLASIKOA	BAZKIDEA
KULTUR	ERRITMOA
KULTURA	TRADIZIONALA
EMOZIOA	IKUSIZ
ADIERAZPENA	

31 - Colors

```
J E C W G S U A B B F U W T G U
X O T E V M W I E E M F H K S R
Z M A R R O I A I R A U O V W Z
O K P A F V O X G D G K R D Y M
D G G W A I W X E E E S I P C F
H X B U B Y N V R A N I A N B E
L E V B M V N E E F T A I K Z N
M E B N T G Z R N B A T N S X O
S O I L E L M E L F V E D A T R
I Y R R T D A Z Z I P L Y I I J
B B F E G R I S A U C O S R O Z
R E Z N A S O R R A N I D R U Z
D A L K A O P D R L L B Z O R U
D U D T F P L T U M I D U G A R
H E W B Z A X N Z P J A X K C I
F M S G K A J N A R A L X G Y A
```

AZURRA	MAGENTA
BEIGEREN	LARANJA
BELTZA	ARROSA
URDINA	MOREA
MARROIA	GORRIA
ZIANA	BIOLETA
FUKSIA	ZURIA
BERDEA	HORIA
GRISA	

32 - Shapes

```
K R H A C H T R I A N G E L U A
U A D X A W I V C S S X P K J E
R N N Y X N T P A L B O K O A O
B E N V H N P T E T E G L B O B
A Z A U K U L U K R I Z B S N A
J U P R I S M A D I B J I P O L
J Z T U O M K J S Z P O T T G A
P I R A M I D E A K Z T L O I L
I K D U R F Z O U I T H R A L E
Y U V G U R W P K N H K X X O R
Y A D N G D A C R A R M W C P R
E L I P S E A K A Z T R E K K O
Z I L I N D R O A K R E S U L A
V S I E H M V B Y O E B H B A J
U L E G B O Z R Z N A W P O R S
F F C H U O R F P O A R P A J T
```

ARKUA   LERROA
ZIRKULU   OBALA
KONO   POLIGONOA
IZKINA   PRISMA
KUBOA   PIRAMIDEA
KURBA   LAUKIZUZENA
ZILINDROA   ALBOKOA
ERTZAK   KARRATU
ELIPSEA   TRIANGELUA
HIPERBOLA

33 - Scientific Disciplines

```
B  F  S  F  I  S  I  O  L  O  G  I  A  O  N  P
Y  O  L  O  H  I  K  A  D  C  P  U  S  E  E  V
G  T  T  A  Z  T  N  U  K  Z  I  H  H  Y  U  I
E  E  A  A  A  I  G  O  L  O  E  K  R  A  R  P
I  R  S  X  N  Y  O  N  T  N  E  O  Z  I  O  E
N  M  T  E  G  I  F  L  F  H  X  B  O  G  L  T
M  O  R  K  M  E  K  E  O  V  X  J  O  O  O  R
U  D  O  O  H  G  O  A  G  G  M  Y  L  L  G  O
N  I  N  L  W  S  L  L  G  H  I  B  O  O  I  L
O  N  O  O  H  S  A  Y  O  K  X  A  G  K  A  O
L  A  M  G  A  A  B  J  M  G  P  M  I  I  F  G
O  M  I  I  M  K  K  Z  R  B  I  H  A  S  P  I
G  I  A  A  K  I  N  A  K  E  M  A  P  P  R  A
I  K  H  J  E  M  B  I  O  L  O  G  I  A  L  G
A  A  F  Y  B  I  O  K  I  M  I  K  A  G  V  S
T  V  R  K  L  K  A  N  A  T  O  M  I  A  C  Z
```

ANATOMIA	HIZKUNTZA
ARKEOLOGIA	MEKANIKA
ASTRONOMIA	PETROLOGIA
BIOKIMIKA	NEUROLOGIA
BIOLOGIA	FISIOLOGIA
BOTANIKA	PSIKOLOGIA
KIMIKA	SOZIOLOGIA
EKOLOGIA	TERMODINAMIKA
GEOLOGIA	ZOOLOGIA
INMUNOLOGIA	

34 - Science

```
P K A L U K E L O M F O O K Y X
L A N D A R E A K Y V A U I K F
V L R D G N M M L A B A R M R E
V U H U M Y S I D I V O H I R C
G K W U T W Y L N S S M U K D D
R I U B E A A K B E C O C O U V
A T M V S O N O I T R T F A T M
B R N W D W B L O I A B J X F
I A C E X O E E A P R F L W W I
T P L D T T M V K I U J D A F S
A E T I G E N J A H R E A I K I
T R O I B M U H E Y T X T M D K
E C P F R B W F R L Y S U W P A
A W C A R Y C R A L Y O A T D U
E S P E R I M E N T U A K C S V
L A B O R A T E G I A D J M F B
```

ATOMOA	HIPOTESIA
KIMIKOA	LABORATEGIA
KLIMA	METODOA
DATUAK	MINERALAK
BILAKAERA	MOLEKULAK
ESPERIMENTUA	NATURA
EGITEA	PARTIKULAK
FOSILA	FISIKA
GRABITATEA	LANDAREAK

35 - Beauty

```
I  Y  K  Y  F  E  I  B  Z  D  A  M  R  A  X  F
L  S  V  H  S  Y  N  Y  V  G  Z  Z  X  N  B  O
O  G  P  L  J  C  G  Z  C  F  A  C  P  Z  J  T
A  T  S  I  L  I  T  S  E  O  L  T  F  E  L  O
L  Z  S  L  L  U  G  U  A  S  A  J  O  J  P  G
P  V  I  H  N  U  K  I  Z  U  R  K  O  A  K  E
K  O  L  O  R  E  A  E  R  O  T  O  D  L  E  N
Z  E  R  B  I  T  Z  U  A  K  B  E  E  L  Z  I
U  E  T  V  W  N  F  A  M  I  R  Y  H  I  P  K
M  S  R  D  X  P  G  J  Z  B  J  Z  Y  K  A  O
P  K  A  I  Z  A  R  U  G  G  A  C  S  A  N  A
T  Y  Y  I  G  R  A  Z  I  A  G  R  H  M  T  V
K  L  Z  D  N  T  O  P  I  H  F  Y  A  O  E  N
R  F  F  D  K  O  S  M  E  T  I  K  A  R  A  A
D  O  T  O  R  E  Z  I  A  W  K  K  E  X  A  K
D  U  D  X  P  R  Z  P  E  X  A  N  P  U  A  F
```

XARMA	MAKILLAJE
KOLORE	MBARARA
KOSMETIKA	ISPILUA
KIZURKOAK	FOTOGENIKOA
DOTOREZIA	GURAZIAK
DOTOREA	ZERBITZUAK
USAIN	XANPUA
GRAZIA	AZALA
EZPANTEA	ESTILISTA

36 - Clothes

```
M  L  J  Z  E  H  G  J  E  H  K  Z  C  A  Z  N
B  O  A  O  S  O  T  N  A  S  A  K  A  J  N  I
E  G  D  B  K  A  K  A  R  P  M  Y  N  F  A  X
R  O  Z  A  U  I  A  M  A  J  I  P  O  U  I  A
R  I  B  E  M  Z  I  E  J  K  S  Z  G  W  T  A
I  D  R  S  U  T  X  R  K  P  E  A  M  I  O  S
A  M  O  T  T  N  T  B  M  Z  T  P  A  S  K  U
B  A  O  R  U  A  I  N  A  E  A  A  F  E  D  R
J  L  K  E  R  J  B  B  N  P  I  T  J  H  O  B
A  V  D  J  R  Y  T  J  T  A  N  A  N  I  L  U
Y  J  D  T  E  R  J  D  A  T  X  A  P  E  L  A
M  Y  X  H  K  Y  W  R  L  B  R  X  J  E  Z  V
A  P  D  I  O  N  D  A  A  S  J  Y  M  L  W  A
G  E  R  R  I  K  O  A  B  A  K  E  R  O  A  K
E  S  K  U  L  A  R  R  U  A  K  O  R  D  K  P
V  K  B  N  E  E  W  I  P  Y  T  K  D  E  K  V
```

MANTALA	BAKEROAK
GERRIKOA	BITXIAK
BRUSA	PIJAMA
ESKUMUTURREKO	PRAKAK
BERRIA	SANTOS
JANTZIA	ZAFIA
MODA	KAMISETA
ESKULARRUAK	ZAPATA
TXAPELA	GONA
JAKA	JERTSEA

37 - Insects

```
B N Z S T I S N I H Y T P X G T
L G R T U X M Z K N G L K Y B X
A K I R G J A P S T E P U G U I
E X S B L T Y R A X T I X T B M
L I Z T O R R A R Z A R R A A E
T B R I A K E B S A E L T X O L
E I N U R R I A S R E T E W T E
E R B A A M B D I R R O Z O I T
B E E M W E K I I A L Y G J M A
L A B E R O S O A X E B V B R X
X W O C N U I V R T A T L F E A
K E H D B H T D Z R J K A T T B
M F W H K V N S C A L O R U V A
T L P W H D A W U X U J B D H X
A N S T B T M N P T R J A N T L
A R K U S O A H O R N E T A U Y
```

INURRIA
ZORRI
ERLEA
BEETLE-A
TXIMELETA
TXITXAR
LABEROSOA
ERE
ARKUSOA
TXARTXARRA

HORNETA
KOBI
LARBA
TXARRA
MANTIS
ELTXO
SITS
TERMITOA
LIZTORRA
ZARRA

38 - Astronomy

```
E  H  A  O  I  Z  A  L  E  T  S  N  O  K  G  I
E  R  I  J  R  A  U  S  K  T  A  L  S  A  A  L
M  K  R  V  N  Y  R  B  L  U  O  V  R  S  L  J
F  R  I  A  H  T  E  I  I  P  M  K  I  T  A  H
X  B  Z  N  D  M  Z  B  P  W  O  B  T  E  X  A
Y  B  U  I  O  I  D  P  S  W  N  W  O  R  I  X
A  B  S  U  S  Z  A  L  E  V  O  W  I  O  A  B
S  O  M  S  O  K  I  Z  A  R  R  U  L  I  P  M
T  I  A  J  V  L  G  O  I  F  T  U  F  D  C  E
R  V  L  D  F  V  B  Z  A  O  S  O  K  E  K  T
O  G  V  A  E  T  I  L  E  T  A  S  T  A  R  E
N  H  Y  L  R  B  E  H  A  T  O  K  I  A  H  O
A  R  F  R  C  G  S  U  P  E  R  N  O  B  A  R
U  B  R  W  B  O  I  P  L  A  N  E  T  A  T  O
T  U  N  V  O  W  S  A  S  O  L  U  B  E  N  A
A  Z  O  D  I  A  K  O  A  D  A  M  Y  G  S  D
```

ASTEROIDEA	ILARGIA
ASTRONAUTA	NEBULOSA
ASTRONOMOA	BEHATOKIA
KONSTELAZIOA	PLANETA
KOSMOS	ERRADIAZIOA
LURRA	SUZIRIA
EKLIPSEA	SATELITEA
EKINOZIOA	ZERUA
GALAXIA	SUPERNOBA
METEOROA	ZODIAKOA

39 - Health and Wellness #2

```
E  M  K  W  T  A  B  O  E  J  A  S  A  M  V  U
I  O  U  X  A  L  U  S  T  N  U  S  A  S  O  M
I  F  E  G  F  E  Z  E  Y  H  E  P  L  X  B  O
A  S  W  G  L  R  U  U  I  M  U  R  H  H  V  R
X  K  K  K  B  G  I  A  U  S  I  P  G  V  G  E
D  I  E  T  A  I  M  O  T  A  N  A  D  I  U  A
A  C  G  G  R  A  H  I  G  I  E  N  E  A  A  G
C  E  S  D  U  N  B  T  E  F  O  U  J  E  S  E
Y  L  Y  W  D  I  L  S  B  V  G  S  L  L  E  N
S  J  O  Y  A  M  L  E  Y  H  O  A  Z  A  R  E
H  E  D  C  K  A  Y  G  V  I  S  T  V  T  T  T
V  V  O  Z  I  T  P  I  U  V  A  O  A  I  S  I
A  T  L  A  L  I  E  D  E  N  L  X  H  P  E  C
I  K  A  A  E  B  K  S  S  F  F  I  D  S  V  A
K  A  L  O  R  I  A  T  D  M  Z  A  P  O  V  H
I  N  F  E  K  Z  I  O  A  B  J  G  H  A  O  K
```

ALERGIA	OSASUNTSU
ANATOMIA	OSPITALEA
GOSA	HIGIENEA
ODOLA	INFEKZIOA
KALORIA	MASAJE
DIETA	UMOREA
DIGESTIOA	ELIKADURA
GAIXOTASUNA	ESTRESA
ENERGIA	BITAMINA
GENETICA	PISUA

40 - Disease

```
A X J Y L X G N H E P K W V K K
H Y Z J U N E U R O P A T I A U
U A B L M D L U S W O I H K R T
L A R I B X P D I I W G A R R S
A P O F A S M J N N Y R N O U A
S U C N R T D G D M L E T N Z K
B A K T E R I O R T O L U I E O
A U D V N G X L O A E A R K H R
K R E E W F O Z M W Y R A O S R
F I N B A Z Y T E W X G A A A A
W X B A F C O T A F O E K P R U
H A N U S A S O G P N K F P I R
H E R E D I T A R I O A D E V A
B I H O T Z A G E N E T I K O A
W P P F S D G O R P U T Z A K D
I M M U N I T A T E A D S G L N
```

ALERGIAK   IMMUNITATEA
BAKTERIO   HANTURA
GORPUTZA   LUMBAR
HEZURRAK   NEUROPATIA
KRONIKOA   PATOGENO
KUTSAKORRA   ARNAS
GENETIKOA   SINDROMEA
OSASUNA   TERAPIA
BIHOTZA   AHULA
HEREDITARIOA

41 - Time

```
P B U R T E R O I W I A M H S O
J A L F M W I W D G W U W I W L
J N J S A S T E A O P F F L M I
D U O I C C M H M I N X O A I S
E G U T E G I A V Z M H N B F Z
C E T R U O R D U A N O Y E J H
G H R E T S A L O R A I N T B P
Z A A L A K O B R U V A Z E L D
E V U K O H Z H Z Z O A R A O F
J G T R K I T E R R U A J Z O R
O B U I D D A N U Z I K R O T E
F I N E J E T Y K I J Z N H H T
L L I C R G A U A T L R B S X L
J E M E A D A K R A M A H T R P
Z A M W R V I H M V M P H A U S
P P V W T H D A E D N E M G A T
```

URTERO	HILABETEA
AURRETIK	GOIZ
EGUTEGIA	GAUA
MENDEA	EGUERDIA
ERLOIA	ORAIN
EGUNA	LASTER
HAMARKADA	GAUR
ETORKIZUNA	ASTEA
ORDUA	URTE
MINUTUA	ATZO

42 - Buildings

```
O K V R L E K A B I N A J A O A
K S Z G T M E S T A D I O A Z N
A T T A B U E S O Z T D U E O T
R J P A K I R B A F A M C Y K Z
P Y F L T A N N A D A X A B N E
A A E O P U I K O H G T S H C R
S C H K F K A L E T O H D D G K
G Y I S B W G T S Y C S E M H I
Z J P E D J U U U K U I L U A A
D I A P A R T A M E N T U A U E
F Z N B B C U X E G A H R F L R
A I G E T A R O B A L A N I E R
B O I B M B E H A T O K I A T O
X G C Y P A E L A T I P S O Z D
S U P E R M E R K A T U A K A U
G R A N J A S T O X R W W Y G P
```

APARTAMENTUA
UKUILUA
KABINA
GAZTELUA
ZINEMA
ENBAXADAN
FABRIKA
GRANJA
OSPITALEA
OSTATUA

HOTELA
LABORATEGIA
MUSEOA
BEHATOKIA
ESKOLA
ESTADIOA
SUPERMERKATUA
KARPA
ANTZERKIA
DORREA

43 - Gardening

```
H O X S G V X T G H A E S S M J
A Z T A R A B O J Y T C A O N A
Z O P X A E I Z E P S E S R N N
I B T C E R L N Y E O P O T E G
A N O S X O W L H X P J I A E A
K O A T O L L K C O N Y K A H R
A M P B A H U R A T O K O E B R
O V V V N N G C L I K J L S P I
T W M L I I I H T K G G A I T A
S Z P Z K C K K J O T F K D M K
O X K B I H H N O A I C K G R A
H J H K Z R U B M A T U N A M K
E D U K I O N T Z I A O W H K D
F P T H E Z E T A S U N A A B H
I F X I S H F V H I R V T N Z Z
B D X A I A S H U R W S V I X P
```

BOTANIKOA
SORTA
KLIMA
KONPOSTA
EDUKIONTZIA
ZIKINA
JANGARRIAK
EXOTIKOA
LOREA

HOSTOAK
MANUTA
HOSTOA
HEZETASUNA
BARATZA
SASOIKO
HAZIAK
ESPEZIEA
URA

44 - Herbalism

```
B E R R O M E R O A F T F A P M
V A N E R E J B M U M O K O K A
O K K O E B D W R F X E Z K A R
S A G A B E R D E A X Z N I I J
G H S I R U N S I F I Z Z T R O
D A H R R T I Z I L A N D A A R
Z B I F D W X Z V W G B P M D A
Z L V A Y R G U A A A G H O L M
J A V Z I O M B A P S T T R A A
L O R A T E G I A T O U B A K U
M N U D A R W J S H B R F T U S
R A M W F A L I X E R R E P S O
A G S M B D R I S X R L O R E B
G E V B M N O N U R A D U N A G
N R M C K A M I H I L U A X V D
G O T J A L T A R R A G O N A N
```

AROMATIKOA
ALBAHAKA
ONURADUNA
SUKALDARIAK
MIHILUA
ZAPORE
LORE
LORATEGIA
BAKARTXUA
BERDEA

OSAGAI
IZILANDA
MARJORAMA
MENTA
OREGANOA
PERREXILA
LANDARE
ERROMEROA
AZAFRIA
TARRAGONAN

45 - Vehicles

```
H P J U Y O C G L E A K K F C H
J E N D J T O S B D U A A U A E
K T G K S F W L R I T R T R Z L
A R J A N E R T E L O A E G P I
M A D O Z O W P M A B B L O E C
I K A K V K W A R Z U A K N K O
O T V I X U I X A T S N I E O P
A O R T E M O N B N A A Z T A T
B R B A Z T N U S A S T I A F E
F E K M S G L G U L Z I B M T R
A A S U F U E F S U J R H O C O
B F A E D T Z T Z B X A O T U A
I I K N P W Z I S N E Y V O T C
F Y A P S C Z K R A V A K R D T
E S K U T E R R A I W X J R J G
R E D N Z J J A I D A M L A K G
```

HEGAZKIN
ANBULANTZA
BIZIKLETA
ITSASUNTZA
AUTOBUSA
AUTOA
KARABANA
HELICOPTEROA
MOTORRA
ALMADIA

SUZIRIA
ESKUTERRA
AZPEKOA
METROA
TAXI
PNEUMATIKOAK
TRAKTOREA
TRENA
KAMIOA
FURGONETA

46 - Flowers

```
B A H I V T P E O N I A L I L I
S Y U C S X H I R U S T A T B Z
X P C I I O G W H H T L G Z C I
I W L O E R O L I K Z U G E I L
J U N F D K M H V V A P B F D A
N A S R Z O D A I L O N G A M N
J E S L O R R C R B G X X U L D
M D W M Y I J D Y G I O K D I A
P I I Y I A E W M N A S I P L P
C K S E A N L W G I I R K J I I
T R T Z S A A S O R T A I O A L
W O G A R D E N I A M Y R T A U
M I T X E T A P E T A L A P A T
T V O J I G A U X B D X M I V E
W I P W N X S S X L V F V E S T
E A C W W U H C V S O H V H A A
```

SORTA
HIRUSTA
MARGARITA
TXORKORIA
GARDENIA
HIBISKOA
JASMINA
IZILANDA
LILA

LILIA
MAGNOLIA
ORKIDEA
PEONIA
PETALA
MITXETA
EGUZKILORE
TULIPA

47 - Health and Wellness #1

```
L K T M X I B J U L S A X A A N
S O I R W C A A Z O A Z A L K K
G I H A R R A K K P U A C T T L
N F F Z G M Y Y T T X L W U I I
J F N T U X P U E H E A C E B N
O F V N I U C T R O L R L R O I
H E Z U R R A K A R F E I A C K
Z S P K O D R A P M E R T A V A
S O Y I L U U O I O R L Y R K I
O G K D H H T I A N R A O U F Z
N G N E E N I B U A E X B T B A
E C X M U Y H R K K H A M S P M
U V A O P F O E I S V Z G U E R
T R A T A M E N D U A I U A U A
E N N B I R U S E R E O F H P F
S X P B R H Y Y M L R A I J Y H
```

AKTIBO	MEDIKUNTZA
BAKTERIAK	GIHARRAK
HEZURRAK	NERBIOAK
KLINIKA	FARMAZIA
MEDIKUA	ERREFLEXUA
HAUSTURA	ERLAXAZIOA
OHITURA	AZALA
ALTUERA	TERAPIA
HORMONAK	TRATAMENDUA
GOSE	BIRUS

48 - Town

```
A I R E P O R T U A K Z A X L O
D Z Z E V D S C S P L O N F I K
J G D K I E E R D E I O T S B I
B E R Y B K S N J Z N D Z U U N
F A L O K S E T D G I A E P R D
C U N D B H T K A A K G R E U E
F T B K W A J J D D A N K R T G
D A K J U Y T N N G I C I M E I
Z K C E C T D I E X R O A E G A
G R M U S E O A D G E D A R I L
T E Z I N E M A U M L H I K A E
J M L W B N T E R D A A Y A P T
F A R M A Z I A U D G X Z T E O
N Z N J H X M L B G O M C U E H
P V S F M C W N I T B M I A U G
U V D J O I S M L H U M W O O W
```

AIREPORTUA   MERKATUA
OKINDEGIA   MUSEOA
BANKU   FARMAZIA
LIBURU-DENDA   ESKOLA
ZINEMA   ESTADIOA
KLINIKA   DENDA
GALERIA   SUPERMERKATUA
HOTELA   ANTZERKIA
LIBURUTEGIA   ZOO

49 - Antarctica

```
Z T K M P E N I N T S U L A L D
I E O I G E O G R A F I A O T H
E N N G K O N T S E R B A Z I O
N P T R R A O I Z I D E P S E G
T E I A X L I L U B A D I A X W
I R N Z O A T F H G A R R G X F
F A E I U K K A A D E A H K P D
I T N O L T K A R R A I Z A L G
K U T A T U U E T K G K P I X D
O R E F Y X I N E X J O N E Y O
A A A H H X O U A F G R P D A V
U U M W Y F P R K A M N W O Z X
L R D R O X N U I D W V N H T D
P W A X C N T G Z A S Y S I O G
P G E P S Z A N P B K Z J Z Z D
C W Y Z A E L I A Z T R E K I B
```

BADIA   IZOTZA
TXORIAK   UHARTEAK
HODEIAK   MIGRAZIOA
KONTSERBAZIO   PENINTSULA
KONTINENTEA   IKERTZAILEA
KALA   ROKIA
INGURUNEA   ZIENTIFIKOA
ESPEDIZIOA   TENPERATURA
GEOGRAFIA   TOPOGRAFIA
GLAZIARRAK   URA

50 - Human Body

```
W J O L P K G J R E A H L M C Z
K A Z A L A T E M J J Y S X S V
B A H H X D O I F D G A Y P R N
G T N H T O C P W A V B O W A B
A H C X I H E Z U R R A K R Y U
Z T A O P E L T N R S U N J A R
A N N N B S M A N U R K U I V U
G U U U K I J H M D C S J I X A
A R R A E A H A E U P E H C T T
J Z A L O D O O X S U K O D O A
A I G E P R U A T A H O A R V K
S E D B C E E G B Z Z S O F S L
O B E V J I Y W A G A R X Z A W
L K U B U G C X C Y F G U W S B
S U K Y I U V A S P S U Z X Z X
O R K A T I L A S O R B A L D A
```

ORKATILA	BURUA
ODOLA	BIHOTZA
HEZURRAK	JUN
GARUNA	BELAUN
TXINA	HANKA
EARRA	AHOA
UKODOA	LEPOA
AURPEGIA	SUDURRA
HATZ	SORBALDA
ESKUA	AZALA

51 - Musical Instruments

```
J U Y I V M M B I O L I N A T P
R P B X M S A S T T H M W A N E
T Z E N E G R J A L U R I X T R
V B U A A N I X A X L M L Z C K
H C G V J P M D I V O W B D D U
B V O W L U B U M L M F D L G S
P I A N O A A D X M C E O F O I
T R O N P E T A U O L H N I N O
V O J O D A N B O I N A B W A A
B T N V B V P M A N D O L I N A
B C A M B O C R D A N B O R R A
Z E B Z R Z E O A N F A G O T A
G I T A R R A A N H U I N V A G
K L A R I N E T E A F O O Y A K
B I O L O N T X E L O A G V B P
N O X L F B T R O M B O I A H F
```

BANJOA
FAGOTA
BIOLONTXELOA
KLARINETEA
DANBORRA
TXIRULA
GONG
GITARRA
HARPA
MANDOLINA

MARIMBA
OBOEA
PERKUSIOA
PIANOA
SAXOFOIA
DANBOINA
TROMBOIA
TRONPETA
BIOLINA

52 - Fruit

```
Z N M E Y M K H K U A X B B A H
L K V J M S E O F V R K B A U W
Y V J M S D T Y K X R D T I K S
I K E U Y A W A A O A V I A A E
B J S K R M I D R U G U M E T U
M B T N J M A N G O A U M K E G
E J K G Y M E X I A S T A H A M
L B U P J B R V C K O A O B I V
O A A N I R A T K E N N I T A X
K X I E Z T D N L K F A L A P P
O V D E E N U V A V W N E B A U
T G U D R H N Y I N F A M R P P
O Y R I E Y M N O I A P Y I R S
I I I K G V A O M E S B M K E Z
J Y L O M T G E I U K U S O P X
O R O N T R N N L H X T I T F N
```

SAGARRA
ABRIKOT
AUKATEA
BANANA
BAIA
GEREZI
KOKO
IRUDIA
MAHATSA
GUABA

KIDEEN
LIMOIA
MANGOA
MELIOA
NEKTARINA
PAPAIA
MELOKOTOI
UDAREA
ANANA
MUGURDI

53 - Engineering

```
E K T A N O I S L U P O R P O E
E J V S L E E R A I K U N T Z A
U V R O U W U A O Z M X X Y J R
D A N U S A T R O K N O G E Y U
S I N V C S D R R P W E M W Z T
D Y A A Y U A O D I K I L H J I
Z S S G T A X T I P A Z E F G I
K J N A R N K O A O U J S V N E
U A N I K A M M M P L Z E K U H
L L X F L O M I E S U O I R V O
I A K D T D N A T P K D D G U U
A N G E L U A A R H L D O V D L
B A N A K E T A O J A P L U I F
Z E N E R G I A A D K O O U F G
A R D A T Z A I N D A R R A Z U
I B U W B U P A L A N K A K H E
```

ANGELUA
ARDATZA
KALKULUA
ERAIKUNTZA
SAKONA
DIAGRAMA
DIAMETROA
DIESEL
BANAKETA
ENERGIA

PALANKAK
LIKIDOA
MAKINA
NEURRIA
MOTORRA
PROPULSIONA
EGONKORTASUNA
INDARRA
EGITURA

54 - Kitchen

```
K  P  C  H  G  A  L  E  W  I  X  E  T  H  I  G
Z  N  S  B  N  V  H  S  C  H  T  I  Z  G  E  U
W  T  E  V  X  I  R  P  A  D  X  G  J  G  U  P
A  B  S  C  B  W  A  E  U  H  U  O  M  D  E  I
K  L  C  G  E  X  G  Z  K  X  O  P  N  K  Z  T
A  A  R  R  A  X  T  I  P  A  I  Z  O  A  K  X
L  I  L  E  K  C  O  A  V  E  R  P  K  E  A  I
I  K  Y  D  Z  O  B  K  I  B  A  A  O  L  K  K
P  A  Z  H  E  A  P  C  V  A  N  R  I  I  X  I
A  L  O  U  V  R  G  A  P  L  A  R  L  A  E  A
X  E  T  G  E  V  A  A  K  W  J  I  A  Z  D  L
T  B  C  G  D  C  K  S  I  I  L  L  R  T  R  A
H  O  Z  K  A  I  L  U  A  L  X  L  A  Z  A  T
E  R  R  E  Z  E  T  A  V  W  A  A  K  O  S  N
T  P  G  B  N  R  N  L  X  G  F  B  X  Z  W  A
D  J  V  I  X  J  P  M  P  I  H  G  G  I  B  M
```

MANTALA   KALDERA
TXIKIA   AIZOAK
TXAPILAK   EZAGAILA
KOPAK   LABEA
JANARI   ERREZETA
SARDEXKAK   HOZKAILUA
IZOZTZAILEA   ESPEZIAK
PARRILLA   BELAKIA
PITXARRA   KOILARAK

55 - Government

```
M K H T V N A E G E L B Y J O C
E O O L C M H E L C G E E K L P
X Z N P Z I O O E F V R F O W R
T N T U O W T M I R X D K I D R
B A B A M T S Y H M E I E Z V E
H Z A R B E A O I Z A N E U A K
D I K E A A N M P A U T A T S E
E O E D K S I T S G H A I I U B
M N A I I J K D U L S S Z T P V
O A L L T A K A A U T U I S L M
K L I W I R M K T R F N T N T B
R R B W L R O W L A K A S O V Z
A N I T O U R N O A S O U K W Z
Z L Z V P K Z I S W A U J Z O K
I H E R R I T A R R A K N E L J
A L A I Z I D U J I S O C A L G
```

HERRITARRAK
ZIBILA
KONSTITUZIO
DEMOKRAZIA
EZTABAIDA
BERDINTASUNA
JUDIZIALA
JUSTIZIA
LEGEA
LIDERA

ASKATASUNA
MONUMENTU
NAZIOA
NAZIONAL
BAKEA
POLITIKA
AHOTSA
ESTATU
IKURRA

56 - Art Supplies

```
R A X U P N O D W R U S B D A K
T U E T N K A I E D I Y A M K A
P O T U A H O I X J X H U C R M
S R L N W M W L P A P E R A I E
N I S C O O G T A G B L D E L R
I L K A Z T A K R A L U A T I A
G E A U B U E V U X U A Z L K R
F M X L N Y R O U S P M R A O R
D Y T K J L L T Y O V A I B A A
U A O I L O A L E R A U K A O M
F E R F C W D G O M U R P Z D O
A D B K X I U M K E B N M X U G
A S G Y T I N T A N I T Z U B O
V D B K E B R D E A L J O V V G
J L V S T E D T V Y V V T G A H
Y O W L N W B C C T U B U S M H
```

AKRILIKOA
BROTXAK
KAMERA
AULKI
BUZTINA
SORMENA
ZABALTEA
GOGOMARRA
KOLA

IDEIAK
TINTA
OLIOA
PAPERA
ARKATZAK
TAULA
URA
AKUARELA

57 - Science Fiction

```
P  L  F  U  T  U  R  I  S  T  A  S  F  X  M  N
F  L  E  N  X  E  T  L  F  H  O  U  C  S  U  E
S  M  A  H  S  N  P  X  N  E  I  T  T  I  N  H
F  B  I  N  E  A  B  I  K  C  S  E  L  X  D  H
C  L  G  V  E  R  K  A  U  R  U  B  I  L  U  N
U  L  O  I  R  T  K  M  L  F  L  H  C  I  A  F
S  T  L  R  X  W  A  E  J  T  I  A  X  L  K  Y
R  M  O  R  U  F  T  N  T  E  S  I  F  K  X  T
H  C  N  P  L  W  O  I  H  A  I  R  U  L  H  B
C  M  K  F  I  T  B  Z  O  O  D  A  G  L  E  D
O  N  E  C  R  A  O  W  R  O  A  K  I  M  I  K
B  X  T  C  T  E  R  A  T  O  M  I  K  O  A  N
M  I  S  T  E  R  I  O  S  O  A  D  I  K  V  L
O  R  A  K  U  L  U  A  O  N  C  U  K  D  W  N
R  L  W  O  K  K  A  O  K  E  R  R  U  T  U  M
G  A  L  A  X  I  A  W  N  H  K  I  B  K  W  D
```

ATOMIKOA
LIBURUAK
KIMIKA
ZINEMA
DELGADO
LEHERKETA
MUTURREKOA
SUTE
FUTURISTA
GALAXIA

ILUSIOA
IRUDIKARIA
MISTERIOSOA
ORAKULUA
PLANETA
ROBOTAK
TEKNOLOGIA
UTOPIA
MUNDUA

58 - Geometry

```
Y R D K X R A B B A A U U P A S
Y A K A U T N E M G E S O A U I
D Z I L M E D I A N A W E R L M
O E W K G B X K Y Y J N E A E E
N M M U A I R O E T R C T L G T
E D M L K B X Y A I R R U E N R
K I N U F A N H O D S R D L A I
U A G A D L R E I T O W M O I A
A M A L A T N O Z I R O H A R K
Z E Z X U U L V T K N C F K T I
I T A U L E Z I R K U L U U J G
O R L I E R M X O O R P Z R X O
A O E P G A I J P Y G N L B D L
H A R R N U X Y O X L P J A N K
O E A Y A V R R R X N H X T A Z
H P U E Y T J P P N D L G B I R
```

ANGELUA

KALKULUA

ZIRKULU

KURBA

DIAMETROA

NEURRIA

EKUAZIOA

ALTUERA

HORIZONTALA

LOGIKA

MEZA

MEDIANA

ZENBAKIA

PARALELOA

PROPORTZIOA

SEGMENTUA

AZALERA

SIMETRIA

TEORIA

TRIANGELUA

59 - Creativity

```
O L I I D A S I E I B S J W R G
A A N T R N A N E M I D U R I K
S D T R S U I J U U O H V S O K
M I E E E S D N V M F Z N E P M
A E N B N A U I T F V E I Z O A
T R T E T T R A A U E M Y O K A
Z A S T S O I O O K I N F S A O
A Z I A A K A I E D I Z P I J K
I P T S Z I U Z N K Z U I Z C I
L E A U I T D A A F D C G O B T
E N T N O N A R T I S T I K O A
A A E A A E U I N P K D J E G M
R X A H D B U P O X G E M L G A
J Y T Z L A F S P D J W G I K R
H N S K L J D N S X P O K E T D
R K I H L H E I E Z C F U X H U
```

ARTISTIKOA	INSPIRAZIOA
BENTIKOTASUNA	INTENTSITATEA
DRAMATIKOA	INTUIZIO
EMOZIOAK	ASMATZAILEA
ADIERAZPENA	SENTSAZIOA
IDEIAK	TREBETASUNA
IRUDIA	ESPONTANEOA
IRUDIMENA	IRUDIAK

60 - Airplanes

```
M F E F B L U Z C K T B A N J M
O C R N I U J V A U R E Z I I W
T X R A D R I H B M I P U M T D
O O E L A R Y E E V P E X Z X H
R M G T I E P R N L U U S O D T
R Z A U A R T A T J L I D E A U
A B I E R A I I U A A U I M R R
E O A R I T L K R I Z V S L P B
D P N A A Z M U A T I W E Y P U
I R I E R E D N I S O Z I X H L
B M T L G A N T O I M A N X X E
A K X O O O A Z L E C F U E G N
R M T U G T R A A R M D A D I T
O T D I W P A D B A E R I A R Z
N B C Z T K A Z I L E H W W O I
H I S T O R I A G H H G S P A A
```

ABENTURA

AIREA

GIROA

BALOIA

ERAIKUNTZA

TRIPULAZIO

JAITSIERA

DISEINUA

NORABIDEA

MOTORRA

ERREGAIA

ALTUERA

HISTORIA

HIDROGENOA

LURRERATZEA

BIDAIARIA

PILOTA

HELIZAK

ZERUA

TURBULENTZIA

61 - Ocean

```
L S A F P H W R I O M T S O E A
D O R T O K A Z T A G B Y B Z T
L X T I X A O E C F N A O J R U
J G S C X E R M D I O L B Z J N
L A O Z A R R A M R F E B B F L
R G I X V A A P J R U A F H G A
G L G T H M M P G E E R E P O W
P A T F J Y A L A R O K U C D E
N S N C X W R W G B R M S I B H
B U R G E J R R H H R R Y R E K
I D O P A A A Z T I A K E C L N
O E O G Y B K M C O G Z V N A X
T M W B K H A S B T A G N Z K R
A I N G I R A P C Y L A Y V I K
A R R A I N A M V D O M A V A X
G U E L L A L G A K E Z Y O W Z
```

ALGAK
KORALA
KARRAMARROA
IURURDEA
AINGIRA
ARRAINA
MEDUSA
OLAGARRO
OSTRA
ERRIFA

GATZA
ALGA
MARRAZOA
GANGABA
BELAKIA
EKAITZA
MAREAK
ATUN
DORTOKA
BALEA

62 - Birds

```
P Z W H J P J E O T P I A C O P
V A C W R Z I U K U K V H U S I
F E O T L A S Z A O S U A O T N
L L Y A H O D K I N C Y T X R G
A E A Z T U A R R A T T E G U U
W B O M R A R R A G I Z W H T I
W P K B I O H X N L A Y A J Z N
S K S E M N P Y A P C C P R A O
G G A P G A G C K W H A S S A A
A P L I D R C O Z I K O I N A C
I R I H I R S S A H X R J V G O
A L O J B A T M H E R O N A R U
K C R X K I E M H J K L A G O C
B I R G Y I P E L I K A N O F D
R P C O U K W J J R E E N G R C
P D R C B T Y D U H Y B S G T G
```

KANARIAK
OILASKOA
BELEA
KUKU
USOA
AHATE
ARRANOA
ARRAUTZA
FLAMINGOA
ANTZARA

HERONA
OSTRUTZA
LOROA
PAOA
PELIKANO
PINGUINOA
SALTO
ZIKOINA
ZIGARRA
GAIAK

63 - Politics

```
J U A Z L W H P F A K U G E P B
E N O X E K P F N S O B L K O A
P D I O A R X N M K N E H I L T
N D P E P I G J A A T R E N I Z
E T I K A R A A L T S D R T T O
S S A N J I U Z K A E I R Z I R
X W R I S T K E B S I N I A K D
P J A R W Z E D Y U L T T I A E
W S G F W I R B A N U A A L O A
E K V U B A A O N A A S S E R M
E S T R A T E G I A D U U A B L
H A U T A G A I A X E N N Y P I
T L Y L I Z Z K P I P A A W N P
M K I C W R G U N R E B O G S L
P F Z G T H Z L A N O I Z A N P
G U O O J U J J K U F C L F P O
```

EKINTZAILEA
KANPAINA
HAUTAGAIA
AUKERA
BATZORDEA
KONTSEILUA
BERDINTASUNA
ETIKA
ASKATASUNA

GOBERNU
NAZIONAL
IRITZIA
POLITIKA
HERRITASUNA
ESTRATEGIA
ZERGAK
GARAIPIOA

64 - Nutrition

```
R D O V K A I R R A G N A J D J
Y I H A R T Z E A U Z U R U E S
U E O D R M S U O T U T U V G A
N T P R O T E I N A K R L D C N
Z A J Z W S K M K T I B I R O
A N U S A S O P I E E E V G C B
I I I N S P W F N R N N U E N M
R M F F O T O K X O E T S S F I
O A C C G Z O R A A R E T T H N
L T D E A J V X E L D A N I V G
A I O F U M O E I X I S U O W O
K B W C S Z V N C N M T S A R S
G L I K I D O A K H A L A G M A
B A E S P E Z I A K H A S T F E
U N N T X L L M U R K S O T E C
H O A F E W Z Y R U L L Z S N A
```

GOSA
OREKATUA
MINGOSA
KALORIA
DIETA
DIGESTIOA
JANGARRIAK
HARTZEA
ZAPORE
OSASUNA

OSASUNTSU
LIKIDOAK
NUTRIENTEA
PROTEINAK
KALITATEA
SALTSA
ESPEZIAK
TOXINA
BITAMINA
PISUA

65 - Hiking

```
X V J G S X U P H K N E G Y H Y
U R A I K Z U G E V A H S R A Y
G P C D M W P R M R T D A N R L
B Z C T U F O T O M U K J I R Y
G K W H N P O B A Y R X O G I E
A N I M A L I A K B A H E S A U
M Y P D T N Z T I A A E I K K I
I K A X E G A I L C U T A K E N
L Z R O K A T Z K I U T R M G M
K W K Y A I N L T A Y Z S L V E
X P E V T L E B A S A I A A R N
B R A K S U I B E E X P A Y Z D
M O K K E R R K A N P I N A K I
A S T V R R O D D F N T R R Z A
P W U A P A H W W K Y L T M M T
A X P N K G U W P D H J S P W U
```

ANIMALIAK	ORIENTAZIO
BOTAK	PARKEAK
KANPINAK	PRESTAKETA
KLIK	HARRIAK
KLIMA	GAILURRA
ASTUAK	EGUZKIA
MAPA	NEKATU
MENDIA	URA
NATURA	BASAIA

66 - Professions #1

```
A  J  U  S  T  E  R  A  N  I  A  Z  I  R  E  A
U  T  A  K  O  B  A  G  H  F  E  G  F  W  H  S
K  H  S  X  O  S  S  Z  I  O  I  P  X  O  I  T
I  H  N  I  P  G  O  Y  W  X  M  M  I  M  Z  R
D  D  A  D  N  K  H  M  X  B  X  U  K  H  T  O
E  L  L  M  A  A  P  X  C  J  I  S  I  O  A  N
M  Z  E  P  S  R  I  X  K  I  R  I  Y  K  R  O
K  X  N  J  S  P  P  P  M  I  A  K  N  H  I  M
E  D  I  T  O  R  E  A  B  Y  Z  A  F  H  S  O
T  C  R  R  F  K  G  O  K  A  T  R  O  G  L  A
J  U  A  N  J  O  Z  E  X  A  N  I  W  Z  V  W
D  O  M  A  U  T  A  K  O  B  A  K  A  M  M  A
A  L  B  A  I  T  A  R  I  L  D  F  A  Z  S  T
E  N  B  A  X  A  D  O  R  E  O  H  R  R  D  G
K  A  R  T  O  G  R  A  F  O  A  G  V  I  I  O
N  Z  P  S  I  K  O  L  O  G  O  A  O  X  H  X
```

ENBAXADORE	JUANJO
ASTRONOMOA	ABOKATU
ABOKATUA	MUSIKARI
BANKARI	ERIZAINA
KARTOGRAFOA	PIANISTA
DANTZARI	ALGORTAKO
MEDIKUA	PSIKOLOGOA
EDITOREA	MARINELA
GEOLOGO	AJUSTERA
EHIZTARI	ALBAITARI

67 - Barbecues

```
L U K F R P G N M U F U M F E S
T A L L I R R A P A K D U K N A
Z O G I C E A W T U W A S R T R
B K T U D B W L I Z R C I R S D
E S T U N U U A S K A Z K C A E
R A O R F A K F D B S N A I L X
O L P P S S K H A U R R A K A K
A I U D N Y A H P F X B G W D A
Z O O A A K E N N Y L A D L A K
V K E P A T T S P R A R G T K G
Y A I L I M A F O B J A J J G J
L O R J Z X M P F G C Z O K R A
L N W A O I O G Z V N K K V A N
O U J H A S T L A S G I O J T A
B L Z A K A F A R I A A A E S R
F R U T A B P S R C S K K M I I
```

OILASKOA	BEROA
HAURRAK	GOSE
AFARIA	AIZOAK
FAMILIA	MUSIKA
JANARI	ENTSALADAK
SARDEXKAK	GATZA
LAGUNAK	SALTSA
FRUTA	UDA
JOKOAK	TOMATEAK
PARRILLA	BARAZKIAK

68 - Chocolate

```
J  K  J  X  E  Z  Y  Y  F  M  V  F  E  A  H  A
O  A  J  N  R  D  A  Z  S  C  E  G  X  N  P  U
E  L  V  S  R  J  A  P  P  P  F  W  O  T  D  V
K  I  Z  I  E  L  K  M  O  V  I  A  T  I  U  D
C  T  V  B  Z  B  R  U  K  R  Y  U  I  O  K  I
P  A  X  F  E  F  C  I  V  G  E  T  K  X  R  O
J  T  G  V  T  G  O  G  O  K  O  A  O  I  B  X
V  E  G  X  A  O  Z  O  G  N  I  T  A  D  N  P
I  A  G  A  S  O  D  J  I  W  V  S  P  A  W  U
A  K  A  K  A  O  L  A  C  H  X  A  S  N  K  T
O  O  X  C  S  K  D  E  Z  N  L  D  D  T  A  R
J  W  V  E  Z  O  T  B  M  U  V  A  W  E  L  L
F  Z  V  T  O  K  A  U  T  A  K  A  K  A  O  X
Y  S  D  A  D  D  N  P  D  J  R  R  Z  F  R  D
M  I  N  G  O  S  A  A  T  C  K  A  E  W  I  Y
H  A  U  T  S  M  G  G  S  E  F  H  K  A  A  S
```

ANTIOXIDANTEA	OSAGAI
MINGOSA	KAKATUAK
KAKAO	HAUTS
KALORIA	KALITATEA
KARAMELOA	ERREZETA
KOKO	AZUKREA
EXOTIKOA	GOZOA
GOGOKOA	DASTATUA
ZAPORE	

69 - Vegetables

```
A B K T X A L O T A B E G L H O
Z A A O P G A U X T R A K A B N
A H L J R E G N I G O L W D W D
L C A M G B P A E U K I V A X D
O R B R M B U I N K O X L L C O
R X A O S G E R N H L E D A C J
E Y Z V W J U R U O I R G S O X
A B A F Z N V S R A A R X T I F
E S P I N A K A K E K E U N B P
T O M A T E A E O M F P I E R E
W D T I M K N A O I R A N E Z A
H L I B E R E N J I N A U H R N
U V P R O P S H J T F O N A Y E
X U U A V S T T F I M I L A R L
V W L X M N I S G H E P Z M U Y
O P A F S O Y O X K G A P K I G
```

ORBURUAK	TIPULA
BROKOLIA	PERREXILA
AZENARIOA	ILAR
AZALOREA	KALABAZA
APIOA	ERREFAUA
PEPINO	ENTSALADA
BERENJINA	TXALOTA
BAKARTXUA	ESPINAKAK
GINGER	TOMATEA
ONDDO	ARBIA

70 - Boats

```
O Y N X K V T E A K O S A A D E
V Z P L R X D H I I N H B T B V
C B E D V R B Y A O N A K E W C
U E X A S W R U K C I T G G E X
L L Y I N R G C I M X S Z Z S K
B A J D E O M B C A I A B I Z G
E O L A E R A M D L I M R C R U
L N P M G S R R R E T B K K N A
A T O L W Z R H J N S Y A G Z U
O Z J A B D O X Z I A L U U S R
T I R P K M T L D R S O T U D U
Z A V Z L I O U X A O P X H R G
E D E H J X M G L M A V U I H N
A P O T Y A A O K I T U A N X I
T R I P U L A Z I O G S J A J A
X Z F B Z Z N X L P P E K K N A
```

AINGURUA
BUIA
KANOA
TRIPULAZIO
KAIA
MOTORRA
KAUTXUA
AINTZIRA
MASTA
NAUTIKOA

OZEANOA
ALMADIA
IBAIA
SOKA
BELAOTZEA
MARINELA
ITSASOA
MAREA
UHINAK
BELAONTZIA

71 - Activities and Leisure

```
K U F U T B O L A B E I B E A M
S A R A E Z T A R O L B O M R L
J J N P V V N U G X O I L C R I
E C L P E A L O R E R L E J A G
O O I K I K W F H O P A I P N E
O E B Y X N A T C A Z L B H T R
V V N T Y L A R V A M D O V Z I
R A A F L O G K I E J I L S A K
B E I S B O L R D T M A A Y V E
E G A A I U W F U R Z K P E N T
A R U U C N E Z T A X A L E R A
U U H R L G E P T V O I K N J R
S M F O L B B T C G P A B X K H
S A S K I B A L O I A D D Γ W C
C B Y Y G C K T I S D I L H S D
K B F S U R F A K S O B T E P M
```

ARTEA
BEISBOL
SASKIBALOIA
BOXEOA
KANPINAK
URPEKARITZA
ARRANTZA
LORATZEA
GOLFA

IBILALDIAK
RELAXATZEN
FUTBOLA
SURFA
IGERIKETA
TENISA
BIDAIAK
BOLEIBOLA

72 - Driving

```
N P E R R E G A I A O S V O M C
H C O A U T O A V L V S X I X P
N O K L E N U T Y L O W A N G H
C O A S I G I I D T K B A E T J
B A M E A Z A E J A R A G Z F U
C B I G R Y I S N I V R M K K X
M I O U R F Z A A P N J I O G I
O A A R I H T A K P F C J A V M
T D N T S H N U T R A F I K O A
O U I A K P E P E M K M G A H M
R R I S U R Z I B N O D B T E L
R A X U A O I R A F T C Y Z H X
A X F N W U L T Y T W B T A G K
X S A A B F L S N R A R R L U L
Z D V K V C B I D E A T N A X M
Y C K A L E A I R A D I G B M E
```

ISTRIPUA	MOTORRA
BALAZTAK	OINEZKOA
AUTOA	POLIZIA
ARRISKUA	BIDEA
GIDARIA	SEGURTASUNA
ERREGAIA	ABIADURA
GARAJEA	KALEA
GASA	TRAFIKOA
LIZENTZIA	KAMIOA
MAPA	TUNEL

73 - Biology

```
I  J  B  A  K  T  E  R  I  A  K  S  Z  W  D  R
F  K  R  O  M  O  S  O  M  A  X  M  B  G  O  B
N  O  U  R  L  G  I  E  R  W  T  E  E  B  G  W
N  E  T  J  Y  P  M  A  O  N  E  G  A  L  O  K
R  R  U  O  B  C  Y  L  D  E  A  W  S  D  A  H
C  O  J  R  S  E  L  A  W  J  I  A  R  B  V  N
V  X  N  X  O  I  B  R  E  N  S  I  K  D  F  O
G  T  P  N  M  N  N  U  A  N  O  M  R  O  H  S
S  S  K  B  O  D  A  T  R  E  I  O  M  E  S  M
U  G  A  Z  T  U  N  A  E  S  B  T  U  N  I  O
F  Z  S  I  A  H  G  N  A  S  N  A  T  B  N  S
Z  E  L  U  L  A  B  J  K  V  I  N  A  R  A  I
E  A  I  T  S  A  R  R  A  N  S  A  Z  I  P  A
E  N  T  Z  I  M  A  F  L  E  F  G  I  O  S  A
B  P  W  P  R  O  T  E  I  N  A  F  O  I  I  G
I  S  P  O  D  M  H  P  B  N  Z  Y  A  A  Z  P
```

ANATOMIA	MUTAZIOA
BAKTERIAK	NATURALA
ZELULA	NERBIO
KROMOSOMA	NEURONA
KOLAGENOA	OSMOSIA
ENBRIOIA	FOTOSINTESIA
ENTZIMA	PROTEINA
BILAKAERA	NARRASTIA
HORMONA	SINBIOSIA
UGAZTUNA	SINAPSI

74 - Professions #2

```
I D E N T I S T A W J O L F M O
G P I L O T A Z I M E N I I E K
N A L I N G U I S T A Y B L D U
P E R Z O O L O G O A A U O I I
I L K D I R A K A S L E R S K X
N I J A N Y T K Z S T V U O U I
T M P I Z E V R D R F T T F A N
Z L X R T A R P Y C V C E O X G
A A U A J U R I Z O T H G A S E
I A O T L H A I Z Y U R I S M N
L R H E W A T U A N O R T S A I
E J O Z A S M A T Z A I L E A A
A R U A D B I O L O G O A D H R
Z O R K D E T E K T I B A M Z I
I L U S T R A T Z A I L E U A B
A R G A Z K I L A R I A M C A F
```

ASTRONAUTA	LIBURUTEGI
BIOLOGOA	LINGUISTA
DENTISTA	PINTZAILEA
DETEKTIBA	FILOSOFOA
INGENIARI	ARGAZKILARIA
NEKAZARIA	MEDIKUA
GARDNER	PILOTA
ILUSTRATZAILE	ZIRUJAUA
ASMATZAILEA	IRAKASLE
KAZETARIA	ZOOLOGOA

75 - Mythology

```
S D I D A K E D N E M P J K M G
L H W J U R N X R S A S D A O Y
L A R H R Y K A E T S E N I S N
K D B P E D X E S N O D C S H N
S N L E Z J Y L T A Y H T O L H
L E C E R G I I J I O K R L B O
J G I Z M I Z A F O P R O E J H
P E Z Y U H N Z M R U O M J O Y
I L A I E T Y T D E B W O Y K T
T W K P N M J L O H M L I G A X
G W I J V D O I C A U K A C E I
G U D A R I A H D X N Y K L R M
K U L T U R A R G M T W D B A I
N P D S B D J A R E R R O S O S
R Y M R P A A O E A O U B O L T
R D I I A I D N E M A D N O H A
```

ARKETIPO
JOKAERA
SINESTEAK
SORRERA
IZAKI
KULTURA
HONDAMENDIA
ZERUA
HEROIA
JELOSIAK

LABERINTOA
LEGENDA
TXIMISTA
MUNTROA
HILTZAILEA
MENDEKA
INDARRA
TROMOIA
GUDARI

76 - Agronomy

```
H E L H E J E E S E D X A R U I
A H A D N I G W B R J A N A R I
Z O A V E R B M W O K I E Z O S
I I J E R C O W A S O D P T V A
A S K O G M K U U I Z J Z I E K
K I U K I R H L D O E C I R P I
G S T A A O K I N A G R O A E V
O T S E E I Z D G X F B K Z D D
O E A R N R K I T D R R E A F O
A M D A U R A Z E R F H Y K K Z
G A U D R A D H A N Y K X E P T
F K R N U G G D W R T L A N D A
W U A A G N F L O J A Z A C S A
J O F L N O S U X E Y B I T W P
G W L D I E K O L O G I A A H V
G A I X O T A S U N A K P E W N
```

NEKAZARITZA

GAIXOTASUNAK

EKOLOGIA

ENERGIA

INGURUNEA

EROSIOA

ONGARRI

JANARI

ORGANIKOA

LANDAREAK

KUTSADURA

EKOIZPENA

LANDA

ZIENTZIA

HAZIAK

IKASI

SISTEMAK

BARAZKIAK

URA

77 - Hair Types

```
N J V E I O L E U L O D I R O B
P O D M Y U J E W G F O I H Z V
R F J I A S A L K O N O I F B H
C U H F P T U P G B Z R R A S U
N F B B U G I D G A E T D K Y V
M K C I B L B I N S A L Y V O J
Z A I K A O K A Z I X T T Y H A
U O R M O N Y E W R Z J R Z A N
R K N R S M V H U G R K S D A T
I R L E O H A E S K T A F M G Z
A U E G S I T M K K I Z K U R I
Z Z H K U N A L A R I S S I D A
K I O J B V C F S H E C C O U K
H K R M N J O S A S U N T S U S
F B R L U Z E A L A B U R R A V
N I A N U E L M W E D S H N O F
```

BUSOSOA
BELTZA
RUBIA
JANTZIAK
TXIZAKOAK
MARROIA
KIZURKOAK
KIZKUR
LEHORRA

GRISA
OSASUNTSU
LUZEA
DISSIRALA
LABURRA
LEUNA
LODI
MEHEA
ZURIA

78 - Diplomacy

```
H A A A N E P Z A B E V D T E K
A O K I T A M O L P I D N G Z O
S O L U Z I O A L M A V N I T M
S Z G B S I E B S I Z N L G A U
E I A L E O U A N R T I R G B N
G B T A R F C O B A E I E A A I
U I A I O M R I L L D E K N I T
R L Z T D V X R A U I R O A D A
T A K U A L B A Y K K R S D A T
A K A N X X K T J L N A O A I E
S I U V A S X I W O A T T X Z A
U T G O B E R N U H L I A A I N
N E X X N P A A M A V R S B T L
A G Z S E B B M J B U I U N S L
A N L X X E J U R B X H N E U V
K E E E N F O H C Z H Z A L J G
```

AHOLKULARI
ENBAXADORE
HIRITARREI
ZIBILA
KOMUNITATEA
GATAZKA
LANKIDETZA
DIPLOMATIKOA
EZTABAIDA
ENBAXADAN

ETIKA
GOBERNU
HUMANITARIOA
OSOTASUNA
JUSTIZIA
POLITIKA
EBAZPENA
SEGURTASUNA
SOLUZIOA
ITUN

79 - Beach

```
O Z F U L K N A O S A S T I E O
P O Z H A U R R I A E C J H R Z
O M C A N S Z E W I R Z W W R E
R C D R I E J R S A A S G B I A
R M J T D E Y R O K H C B C F N
A R N E R W X U T W U F A Y A O
K Y C A U W W A N U V O Y W K A
B E L A O T Z E A K S L I V S C
I K C I L F S E S V D A L H X K
M E Z K D V V U P A S S G T A J
W H A Z T N U S A S T I P A W L
O Z L U T D E K Z G W F Y O D H
S J F G I G W P S P G P C N T K
U X W F L U F C G N Y B T M I E
L Y O F K O S T A L D E A M Y C
K A R R A M A R R O A W N W E V
```

URDINA
ITSASUNTZA
KOSTALDEA
KARRAMARROA
KAIA
UHARTEA
AURRERA
OZEANOA
ERRIFA

BELAOTZEA
HAREA
SANTOS
ITSASOA
EGUZKIA
ESKUOIHAL
AURRIA
OPORRAK

80 - Countries #1

```
M C A N M V D C M X C G D E L E
O W K L A I D N A L N I F R I G
P B C T E H W U R R L K N R B I
F X Z R B M K G O E R J I U I P
K R V D W B A D K A R I K M A T
F I I U J E G N O M W S A A G O
Y F C T H H P K I A M L R N E R
G X D L A J V M W A A J A I U K
I N D I A L X G T A L B G A R C
P G M E L A I Y R D I R U I O P
L E T O N I A A Y I P A A N N Z
N V C C T V Y P H S X S U I R X
X M H X E P F C P R L I F A F J
P A N A M A D A N A K L A P X B
P O L O N I A J K E A O A S H R
S E N E G A L Z Y L E L R E T B
```

BRASIL	LIBIA
KANADA	MALI
EGIPTO	MAROKO
FINLANDIA	NIKARAGUA
ALEMANIA	NORUEGA
INDIA	PANAMA
IRAK	POLONIA
ISRAEL	ERRUMANIA
ITALIA	SENEGAL
LETONIA	ESPAINIA

81 - Adjectives #1

```
I  L  N  I  B  Y  A  P  K  X  Z  T  C  Z  I  A
N  L  A  U  S  T  I  Z  T  N  A  R  R  A  G  B
P  K  U  R  P  L  C  Z  U  S  Y  Y  T  O  R  S
Z  A  O  N  R  E  D  O  M  A  R  A  N  N  D  O
T  U  P  A  A  I  R  R  A  G  N  U  G  A  L  L
E  T  Y  L  O  W  A  E  R  A  G  A  R  R  I  U
W  S  F  A  K  E  D  E  R  R  A  E  D  T  G  T
J  A  X  B  I  A  R  O  M  A  T  I  K  O  A  U
P  P  G  A  T  H  X  S  K  O  D  W  D  P  Z  A
D  P  Y  Z  O  V  A  O  K  I  T  S  I  T  R  A
M  U  B  U  X  I  O  M  U  L  O  K  C  W  R  I
L  E  C  K  E  L  Z  Y  Z  A  Z  P  O  Z  I  K
E  T  H  S  F  G  T  A  P  B  Z  K  A  D  U  P
W  F  F  E  L  J  N  V  J  M  D  S  Z  S  T  I
L  N  D  K  A  N  I  D  R  E  B  I  T  J  G  Y
E  B  A  N  B  I  Z  I  O  S  O  A  S  E  C  C
```

ABSOLUTUA
ANBIZIOSOA
AROMATIKOA
ARTISTIKOA
ERAGARRI
EDERRA
ILUNA
EXOTIKOA
ESKUZABALA
POZIK

ASTUAK
LAGUNGARRIA
ZINTZOA
BERDINAK
GARRANTZITSUA
MODERNOA
LARRIA
MOSO
MEHEA
BALIOA

82 - Rainforest

```
W  X  B  E  R  R  E  Z  A  R  R  I  D  T  K  X
A  N  I  Z  T  A  S  U  N  A  L  U  D  X  O  Z
R  B  O  T  A  N  I  K  O  A  H  T  X  O  M  P
U  L  X  S  J  D  I  K  W  H  Y  P  Z  R  U  G
T  E  R  R  E  S  P  E  T  U  A  L  B  I  N  O
A  E  Z  T  A  B  R  E  S  T  N  O  K  A  I  L
N  O  I  B  I  F  N  A  N  I  D  S  R  K  T  O
X  G  Y  R  U  G  A  Z  T  U  N  A  K  U  A  L
E  W  Z  K  A  U  T  K  E  S  T  N  I  G  T  D
S  A  O  I  X  U  F  E  R  R  E  T  Y  Z  E  I
P  B  N  R  V  Z  P  H  O  D  E  I  A  K  A  A
E  A  W  X  Z  L  Y  E  M  S  K  N  W  S  J  Z
Z  L  H  D  Y  V  G  N  N  D  L  Z  W  L  H  O
I  I  O  L  I  C  P  O  I  A  I  C  M  J  L  V
E  O  C  G  U  R  S  M  X  I  M  U  S  H  O  S
A  A  A  B  J  Y  M  Z  I  A  A  C  A  P  A  B
```

ANFIBIO	GOLOLDIA
TXORIAK	NATURA
BOTANIKOA	KONTSERBATZEA
KLIMA	ERREFUXIOA
HODEIAK	ERRESPETUA
KOMUNITATEA	BERREZARRI
ANIZTASUNA	ESPEZIEA
INTSEKTUAK	IRAUPENA
UGAZTUNAK	BALIOA

83 - Technology

```
E O A N N N J S Y R V L K D Y L
V S R G I D Y B V Y R B O A M A
J E T D E K N B V P F P O T M R
P K E A E V M V W E P G I U S T
I V N E T N K A M E R A P A V A
F R R L J I A X T I F P Z K H U
K S E I F K S G X P B F K H Y N
U O T A D S D T A U Z E M Y D E
R F N Z F B X M I I J D Z K I K
S T I T G L B F I K L W X A G E
O W X A G O L B A L A U T R I B
R A W K D G S W R D K D A W T L
R R X A L I A T N A P K W E A W
A E S R E A B J E J Z A B D L T
N A C A N U S A T R U G E S A T
B I R U S L H P O W U N H B N X
```

BLOGA
ARAKATZAILEA
LARTAUNEK
KAMERA
ORDENAGAILUA
KURSORRA
DATUAK
DIGITALA
FITXA

INTERNET
MEZUA
PANTAILA
SEGURTASUNA
SOFTWAREA
ESTATISTIKA
BIRTUALA
BIRUS

84 - Global Warming

```
H Z N I O S N F T N H L M W S N
X V J C N W B H U W L N J Z J A
W V U A G A I R A I Z T N E I Z
G L U B I C S K U L J U A X T I
A A O K I T R A N E P A R A G O
I E S Y D O K U R L F K F K T A
G N I A R O J T E H E R Z W E R
R U D K N I T A B N F G Z Z N T
E R K U V O E D O L W G E P P E
N U B T S D E R G I C F X A E K
E G U B I T K L I M A X H I R O
A N U Z I K R O T E Y R K S A A
I I L K E T V I E P R B K I T J
J U K A Y I U Y A E V C Z R U O
B E L A U N A L D I A K G K R R
U A B S W M W K P T R D L V A C
```

ARTIKOA   BELAUNALDIAK
KLIMA   GOBERNU
KRISIA   INDUSTRIA
DATUAK   NAZIOARTEKOA
GARAPENA   LEGEA
ENERGIA   ORAIN
INGURUNEA   ZIENTZIARIA
ETORKIZUNA   TENPERATURA
GASA

85 - Landscapes

```
U  R  J  A  U  Z  I  A  U  B  F  M  L  T  J  H
P  E  N  I  N  T  S  U  L  A  R  U  G  N  I  Z
H  U  K  E  B  A  V  S  D  Z  E  R  A  U  I  D
A  O  S  A  S  T  I  U  F  T  G  T  F  Z  U  Z
R  I  W  J  J  B  I  M  J  R  E  I  R  K  I  F
A  R  D  N  U  T  B  E  W  A  O  G  C  A  I  L
N  Z  J  N  X  Y  A  N  O  D  F  R  Y  U  H  T
A  R  T  Y  E  B  I  D  B  N  U  P  V  T  B  U
I  E  L  A  L  M  A  I  K  O  M  T  J  R  A  U
A  I  N  T  Z  I  R  A  O  H  A  A  V  O  W  N
O  Z  E  A  N  O  A  K  B  Y  D  O  I  M  K  B
S  Y  R  J  C  C  R  M  A  T  A  N  A  A  V  T
G  L  A  Z  I  A  R  R  A  H  S  I  P  S  G  Y
I  K  E  B  E  R  G  E  K  M  D  U  O  A  I  T
E  P  W  V  J  G  X  H  R  B  E  M  U  B  D  S
H  J  R  I  F  L  S  I  S  O  D  L  T  P  F  D
```

HONDARTZA	OASIS
KOBA	OZEANOA
BASAMORTUA	PENINTSULA
GEOFUMADAS	IBAIA
GLAZIARRA	ITSASOA
MUINOA	ZINGURA
IKEBERGEK	TUNDRA
UHARTEA	HARANA
AINTZIRA	SUMENDI
MENDIA	UR-JAUZIA

86 - Plants

```
A L E P G O L O L D I A S K S D
X O E R O L G R K O G J C I Z L
M R B I R R A G N O D H G T L N
J A I A B O A F S H G A L K R Z
S T U A O S A B J J N P M P F G
P E S B K G K A O T S O H C J Y
E G V F N G X B Z P C Y W T A Y
T I E I S A S A T T F L O R A R
A A K X G N B B N Y I V L M P F
L E A I B I C A U X X A P W T X
O C K K V R M X H O L J H T K I
A K T Y N R B E L A R R A U E Z
T W U H S U B O T A N I K A Z V
D N A Z M Z Y O Y U R E G G W H
L A N D A R E T Z A L B K E P W
I N O Y R M Y M P L P K P R I M
```

BANBUA	BASOA
BABABA	LORATEGIA
BAIA	BELARRA
BOTANIKA	HUNTZ
BUSH	GOLOLDIA
KAKTUA	PETALOA
ONGARRI	ERROA
FLORA	ZURRINA
LORE	ZUHAITZA
HOSTOAK	LANDARETZA

87 - Countries #2

```
A I R E B I L A P E N I H I W I
V L Y X W I P G P Y R T T O Y V
E O B U G A N D A K I A M A J P
D J P A S U D A N C V I W T K A
E A W O N A B I L N L K H U O K
T I N K D I S R H R I T I A H I
I L U I Z Z A I E U E G I I L S
O A K X M L G S M T V K E O F T
P M R E H A J D T T Y K H R Z A
I O A M H I R M L X T P W C I N
A S I F M N F K I F D M T X I A
X F N M G O J R A G R E Z I A L
I V A R Z P E O M D S X T V G A
C R I M B A A X X Z C V B W G O
O M C W Y J M T I L K O B E W S
E R R U S I A H F A L S X Y N Z
```

ALBANIA	MEXIKO
DANIMARKA	NEPAL
ETIOPIA	NIGERIA
GREZIA	PAKISTAN
HAITI	ERRUSIA
JAMAIKA	SOMALIA
JAPONIA	SUDAN
LAOS	SIRIA
LIBANO	UGANDA
LIBERIA	UKRAINA

88 - Ecology

```
I  H  C  I  F  L  O  R  A  D  S  A  A  S  T  I
R  Y  X  O  T  K  A  E  R  A  D  N  A  L  C  R
K  L  I  M  A  S  E  G  H  V  S  U  N  D  B  A
B  U  O  G  R  Y  A  S  P  J  S  S  K  W  D  U
T  X  C  F  R  O  P  S  P  K  B  A  S  J  N  P
P  A  I  W  U  F  N  M  O  E  J  T  B  B  H  E
H  Z  L  J  Z  E  R  R  U  A  Z  Z  E  A  W  N
K  T  D  X  K  A  E  D  I  B  A  I  L  A  B  A
L  E  O  R  T  E  A  N  F  J  Y  N  E  D  O  H
N  R  B  O  B  I  F  E  X  D  J  A  O  A  M  A
S  A  F  O  P  Z  X  N  A  T  U  R  A  D  E  B
F  D  L  A  E  R  K  I  D  E  G  O  E  N  N  I
T  N  E  A  U  Z  M  J  J  E  O  H  J  K  D  T
T  A  V  R  I  N  J  R  W  B  I  C  P  J  I  A
A  L  A  R  U  T  A  N  E  T  M  H  X  P  A  T
B  O  L  U  N  T  A  R  I  O  A  K  T  B  E  A
```

KLIMA	MENDIA
ERKIDEGOEN	NATURALA
ANIZTASUNA	NATURA
LEORTEA	LANDAREAK
FAUNA	BALIABIDEAK
FLORA	ESPEZIEA
HABITATA	IRAUPENA
ITSASOA	LANDARETZA
ZURRA	BOLUNTARIOAK

89 - Adjectives #2

```
X F J Z S B O L H F A X K A E S
I N D A R R A S E T E X I G R O
T S U T R T R T P H R X L A O R
R J Y I W U X L O E O G M Z S T
B E R R I A G Y I F T R I I K Z
B A S A I A G O W M O S R A E A
N A T U R A L A L Z D N U A T I
O Z B E N E T A K O A G P A A L
H A R R O D G N G B I O U S B E
K V W U V I L E K G A S U H P A
A C J B D Z S P J H E E U E X C
U B N Z Z J A L U B E R O A J I
B M I A I R R A G S E R E T N I
I U H K Z G W Z R V H J E X J L
O B F W R T Z A N E P Z I O K E
A R D U R A D U N A L Z L G B K
```

BENETAKOA
SORTZAILEA
AZALPENA
LEHORRA
DOTOREA
OSPETSUA
EROSKETA
BEROA
GOSE
INTERESGARRIA

NATURALA
BERRIA
EKOIZPENA
HARRO
ARDURADUNA
GAZIA
LOGURA
INDARRA
BASAIA

90 - Psychology

```
N J I F P C A G B J A S H A Z S
R I G N A P N O N O H R O O W A
A D X F K X K K E K X H A I A O
A N U S A T R O N A T I S Z R I
I N B Y S V H G I E I C E P O Z
P T P G T K A E I R K W N E E A
A J P X E C K H N A Y V T Z M U
R O K Z M U G Z N E Y Y S T O L
E R R E A L I T A T E A A R Z A
T I G A T A Z K A A B O Z E I B
B I D W Z E O E L Z A K I P O E
T U V E Y T X H G H T I O F A O
I W W M I Y R U R R J N A S K P
R P L P L A P U J A K I N T Z A
O K A A C V K Z A A S L K W G O
T Z D M N B I T K H Z K D S I S
```

EBALUAZIOA   EMOZIOAK
JOKAERA   IDEIAK
HAURTZAROA   PERTZEPZIOA
KLINIKOA   NORTASUNA
JAKINTZA   ARAZOA
GATAZKA   ERREALITATEA
AMETSAK   SENTSAZIOA
EGO   TERAPIA

91 - Math

```
Y Z N O P A N G E L U A K B L E
S U D G P E R I M E T R O A A D
Z T D A N E M U L O B J A K U H
A A D I A M E T R O A H O A K K
G K T E I E N A C P F L N E I X
A E A I M P C R A W A S O L Z G
R H O U K U V R J A D F G S U S
I A L M V I T A P I M H I U Z I
T M E N E C A K I K L M L K E M
M A L M G T E K U A Z I O A N E
E R A J A K R T P B Z Y P R A T
T T R A L U K I D N E P R E P R
I A A I B I K M A E U Y H Y V I
K R P T P K R O N Z F T C R N A
A R P A R A L E L O G R A M O V
R A H Z L T R I A N G E L U A K
```

ANGELUAK
ARITMETIKA
HAMARTARRA
DIAMETROA
EKUAZIOA
ERAKUSLEA
ZATIKIA
GEOMETRIA
ZENBAKIA
PARALELOA

PARALELOGRAMO
PERIMETROA
PERPENDIKULA
POLIGONOA
LAUKIZUZENA
KARRATU
SIMETRIA
TRIANGELUA
BOLUMENA

92 - Water

```
I U V L Z N L U R R U N K E T A
E H J R M H I F D I P B E A P G
N O G Z B A E M O N T Z O I R E
E L X E I N D Z O V J W G R X U
U D I V O K A B E A P T P U X H
R E C R N F N B P T E U V E V O
E P X Z E S U C H Y A X T U D Z
Z V T F U L R M O T C S Z T L E
T A P N S X R K A N I H U M T A
A I V A R R U L E D K W T N E N
T N B I F R L C Z I A Y H G A O
Z T X A Z I Z L C W S S K T F A
E Z F B V O G S S U R A K A N A
O I F I J W T H L O G M B F W R
G R U R V G G Z C W V Y Y T W B
X A U H N V K S A L A N A K N O
```

KANALA	MONTZOI
LURRUNKETA	OZEANOA
UHOLDE	EURIA
IZOTZA	IBAIA
GEOFUMADAS	DUTXA
URAKANA	ELURRA
UREZTATZE	LURRUNA
AINTZIRA	UHINAK
HEZETASUNA	

93 - Activities

```
A I G A M H F K O L L I B V O T
O P D F V Z B F E X O A D I X R
I R A K U R K E T A R R C F R E
Z J Z A K L N L V E A T Y I B B
A D T I M H F T B T T E U U M E
X G N D Z B X L F S Z A I Y J T
A E A L M A B G P O E C W D O A
L P D A G Z I P L J A K B Z X S
R J D L G T W K A O K O J Y W U
E A H I R U W A Z T N A R R A N
E R N B R A Z N E A E H I Z A A
M D E I B S F I R Y G H V G V J
Z U L H B I Y P A N M R F E R J
C E B V C T M N Y N R T A Z M G
O R H P H R V A A I S I A Z S X
B A V D N A I K E N X X S Z R J
```

JARDUERA   EHIZA
ARTEA   AISIA
KANPINAK   MAGIA
ARTISAUTZA   ARGAZKIA
DANTZA   PLAZERA
ARRANTZA   IRAKURKETA
JOKOAK   ERLAXAZIOA
LORATZEA   JOSTEA
IBILALDIAK   TREBETASUNA

94 - Business

```
V X Y X B U L E G O A U R I D K
F F W Y W T O A U T S O K S A X
O S X F X W F H E X I G O A T E
E E R R E N T A U L B N S L C F
F N L Z W U C W W U I E O G A R
Y S P Y A G T R G X D G J A I K
K A I R A S E R P N E T N I A A
A A D N E D E S K O N T U A G R
G E J U E S X O B B I R H I L R
R G M A I R A D N E Z U Z M A E
E P A U T N O K E R R U A O S R
Z O I V C X F O I R B X J N S A
F I N A N T Z A K R U M X O M D
I N B E R T S I O A B A F K R U
W W B U I S O U W K X A M E H D
D U C W U V R P Z U E Z F U C Y
```

AURREKONTUA
KARRERA
ENPRESA
KOSTUA
DIBISA
DESKONTUA
EKONOMIA
LANGILEA
ENPRESARIAK
FABRIKA

FINANTZAK
ERRENTA
INBERTSIOA
ZUZENDARIA
SALGAIA
DIRUA
BULEGOA
SALGAI
DENDA
ZERGAK

95 - The Company

```
S A B G X O O A G A B U N P I S
K A R P X W Z U Z N A N I R N S
Y T R R J Y M K M Z L I D O B I
T L C R I K N E N W I T X D E Y
G V I U E S T R A M A A K U R F
I D I Y O R K A I O B T A K T F
K V M H N P A U K D I E M T S I
O B H J J T W K A L D A M U I S
M D X J O H L A B K E K N A O G
K A L I T A T E A M A Y A X A M
E N P L E G U J R I K S A B I G
S O R T Z A I L E A O K E N A L
Y F V A N E P A R E R R U A X O
A U R K E Z P E N A ∧ F P L I N D
J L B A I R T S U D N I T V V W
H N C H V B L V O S J D M S X U
```

LANEKOA
SORTZAILEA
ERABAKIA
ENPLEGU
INDUSTRIA
INBERTSIOA
AUKERA
AURKEZPENA

PRODUKTUA
AURRERAPENA
KALITATEA
OSPE
BALIABIDEAK
SARRERAK
ARRISKUAK
UNITATEAK

96 - Literature

```
E L K X T X A V V R F R M P P W
U L Z O B J E Y K D U Y E G O A
A T K J N F I K Z I O A T Y E Z
I L Z A E T G A I A F M A K T A
G V V M R L A P W N W E F O I L
O R Z I W R E L X K W O O N K P
L J F R F P I B A Y U P R P O E
A H W R R S X Z E R C T A A A N
N H B E J J G D K R I K M R A A
A N A L I S I A N E R A Y A N O
E R R I T M O A U W T I J Z E L
C M B I O G R A F I A A A I K I
E G I L E A O I R O D N O O D T
O L E D J D U D Y D R X Y A O S
M H P D T M L A I D E G A R T E
P A Z E L W S G C B P V N K A I
```

ANALOGIA	METAFORA
ANALISIA	KONTALARIA
ANEKDOTA	ELEBERRIA
EGILEA	POEMA
BIOGRAFIA	POETIKOA
KONPARAZIOA	ERRIMA
ONDORIOA	ERRITMOA
AZALPENA	ESTILOA
ELKARRIZKETA	GAIA
FIKZIOA	TRAGEDIA

97 - Geography

```
K O N T I N E N T E A F M V M L
I T S A S O A E O W M P H L E A
L N M I I M I A S Y G P A T R T
N I E A A O R O A I D N E M I I
J J N B Y G I I L T M W S A D T
E P D I T G H R T I P V K I I U
C L E L H E E E A M Y G U D A D
L H B C F B Z F R Y M I A L N E
U W A Y E F Z S E R W M L A O A
R A L M T T M I U N I R D O A S
R J D R U A C M T H C A E G O D
A F E R A N N E L E V H A E F O
L N A C D X D H A E T R A H U Z
D D R M B U B U O Z E A N O A G
E G W L L U F H A O S E O X F D
A I P A R R A L D E A D G D G S
```

ALTUERA
ATLAS
HIRIA
KONTINENTEA
HERRIA
HEMISFERIOA
UHARTEA
LATITUDEA
MAPA
MERIDIANOA

MENDIA
IPARRALDEA
OZEANOA
ESKUALDEA
IBAIA
ITSASOA
HEGOALDIA
LURRALDEA
MENDEBALDEA
MUNDUA

98 - Jazz

```
O N M T F S I B A T E R I A A B
E S G X C A W I R A K I S U M L
M O A L S E Y N K T M P T V U U
U S U K U R O P X I Z P O R B B
S P T M E O R R Y X K E X G L U
I E R Z E T R O G O G O K O A K
K T E A R I A B T C N N R G N T
A S Z H R S O I F A P T N N E E
I U T A I O J S T X L I N P I K
R A N R T P A A K S G E J K P N
R O O R M N R Z C D E B N U Z I
E L K A O O T I S S H B G T A K
B I B J A K I O G H U I A A U A
C T V M A F S A O J R X I M P A
S S T Y W J T O R K E S T R A G
V E K G B R A O U C A B T O O C
```

ALBUMA
ARTISTA
KONPOSITOREA
OSAKETA
KONTZERTUA
BATERIA
AZPIENA
OSPETSUA
GOGOKOAK
INPROBISAZIOA

MUSIKA
MUSIKARI
BERRIA
ZAHARRA
ORKESTRA
ERRITMOA
ABESTIA
ESTILOA
TALENTUA
TEKNIKA

99 - Nature

```
T P T E T P F O I C U B P X X Y
K N J U B I G E T U T N A S M Z
B A S A M O R T U A C B E S U L
S H S F V D R J L O P Z K B O W
W T M L C H T W B V L Y A A R A
O A N U S A T R E D E R B S O O
H O D E I A K A O T S O H A A I
A K T K A I L A M I N A F I A S
R Z J V F D I A D A O W J A O O
T E K G U N P B K E R L E A K R
I S Y C J E U U A I J X W W I E
K T H B C M X Y N I P C X S M J
O N L A I N O A E M A O S R A T
A U G L A Z I A R R A Z R R N U
P F Z A V B K E E M O H A T I A
Z V O N T C N E S Y P R H E D M
```

ANIMALIAK	BASOA
ARTIKOA	GLAZIARRA
EDERTASUNA	MENDIA
ERLEAK	BAKEA
HODEIAK	IBAIA
BASAMORTUA	SANTUTEGI
DINAMIKOA	SERENA
EROSIOA	TROPIKALA
LAINOA	FUNTSEZKOA
HOSTOAK	BASAIA

100 - Vacation #2

```
R A G T W S G A P N W T K A U Z
B E A R X W A O I A R R A G H J
J P W E U Z T R M T W R P U A P
M D O N X S Z K M A Z A R M R A
G O B A E P E L E E P I A L T S
S H S I M Y R W M R N A K E E A
R A L H R V N V J G D W H A P
I V U I H G I D E T T I I R X O
X T B Z R Z T M V H J B A A D R
A W S A T G A H O T E L A V O T
T B P A U T R O P E R I A C K E
X I U O S L R A I S I A P I P A
F S B P H O A Z T R A D N O H M
Y A W N I K A N I P N A K E O B
A T Z E R R I K O A Z Z U W B C
V D V W F O V B K P O R X X A D
```

AIREPORTUA	MAPA
HONDARTZA	MENDIA
KANPINAK	PASAPORTEA
HELMUGA	ITSASOA
ATZERRIKOA	TAXI
ATZERRITARRA	KARPA
HOTELA	TRENA
UHARTEA	GARRAIOA
BIDAIA	BISA
AISIA	

1 - Antiques

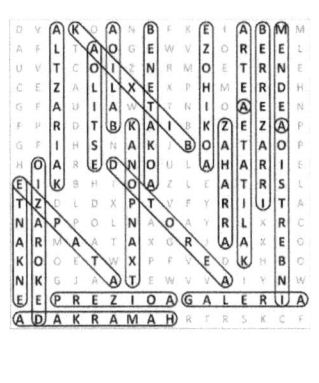

2 - Food #1

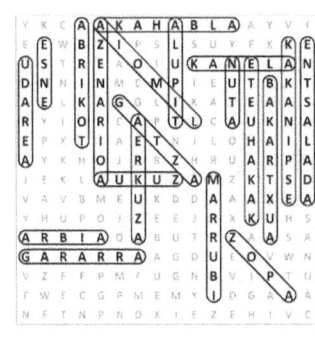

3 - Measurements

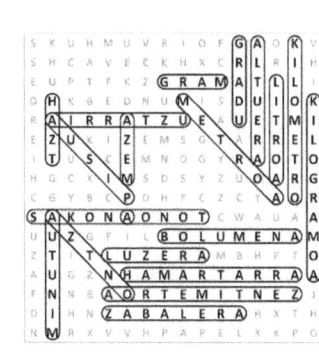

4 - Farm #2

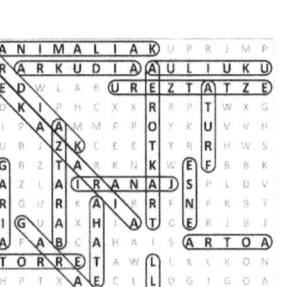

5 - Books

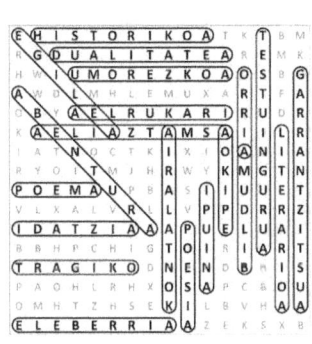

6 - Meditation

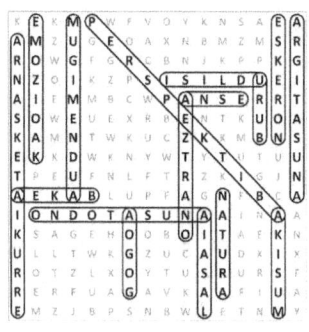

7 - Days and Months

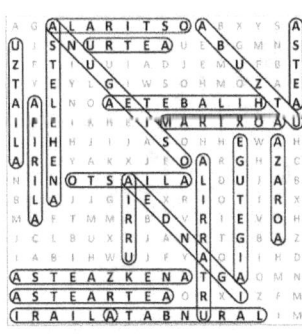

8 - Energy

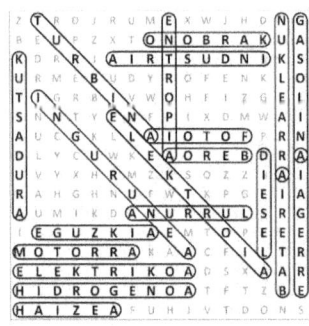

9 - Archeology

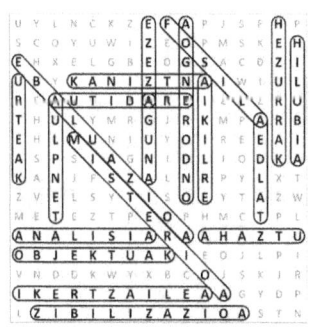

10 - Food #2

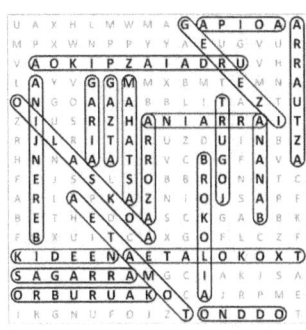

11 - Chemistry

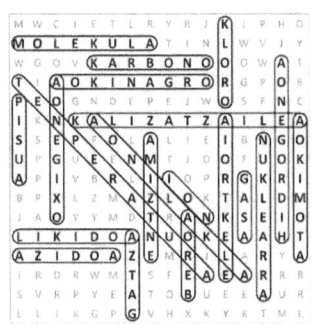

12 - Music

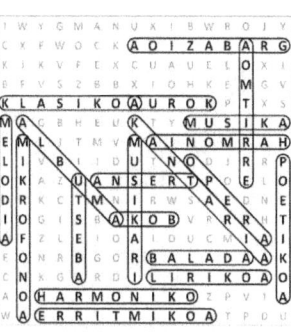

13 - Family

14 - Farm #1

15 - Camping

16 - Algebra

17 - Numbers

18 - Spices

19 - Universe

20 - Mammals

21 - Bees

22 - Photography

23 - Sports

24 - Weather

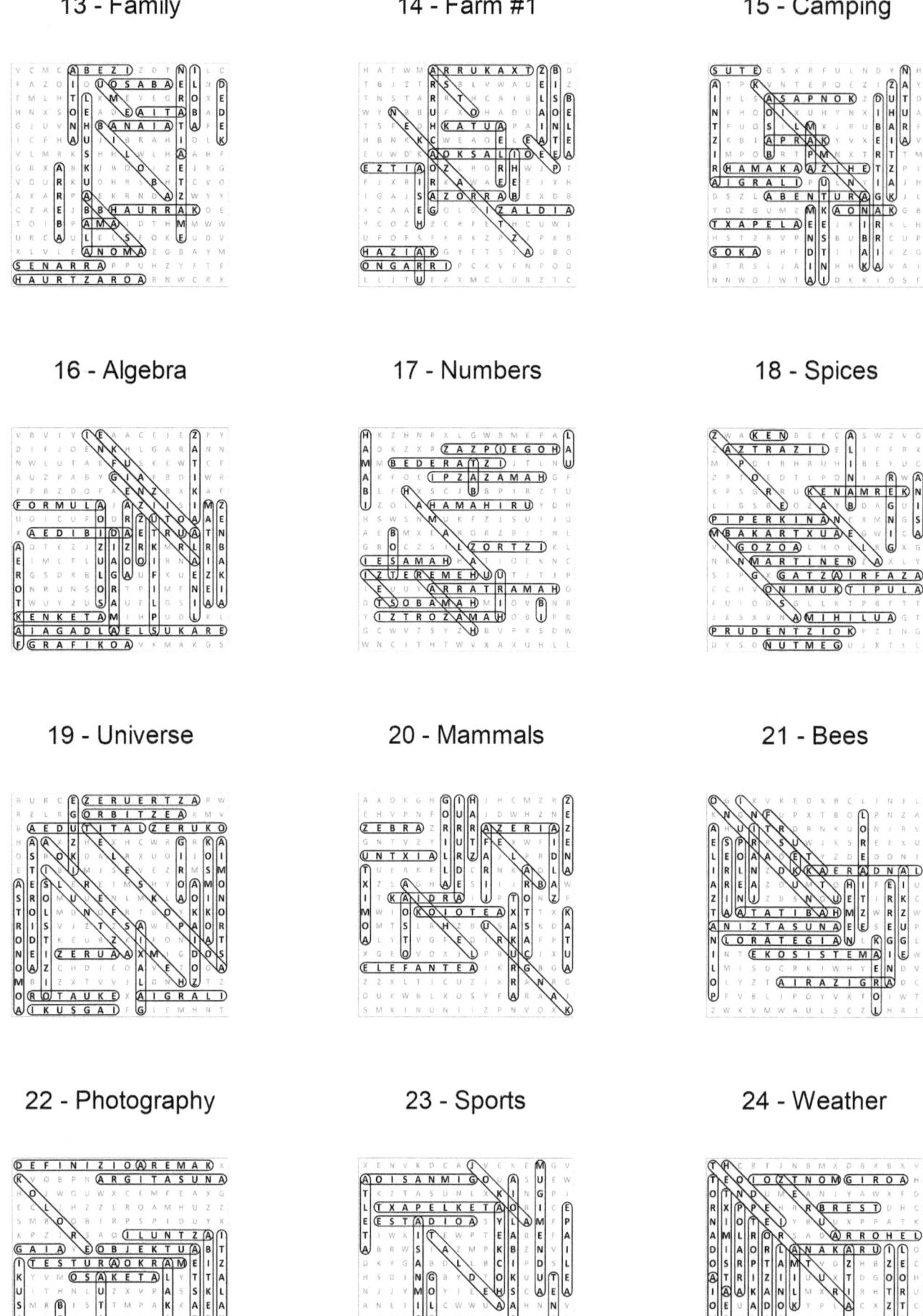

25 - Adventure

26 - Restaurant #2

27 - Geology

28 - House

29 - Physics

30 - Dance

31 - Colors

32 - Shapes

33 - Scientific Disciplines

34 - Science

35 - Beauty

36 - Clothes

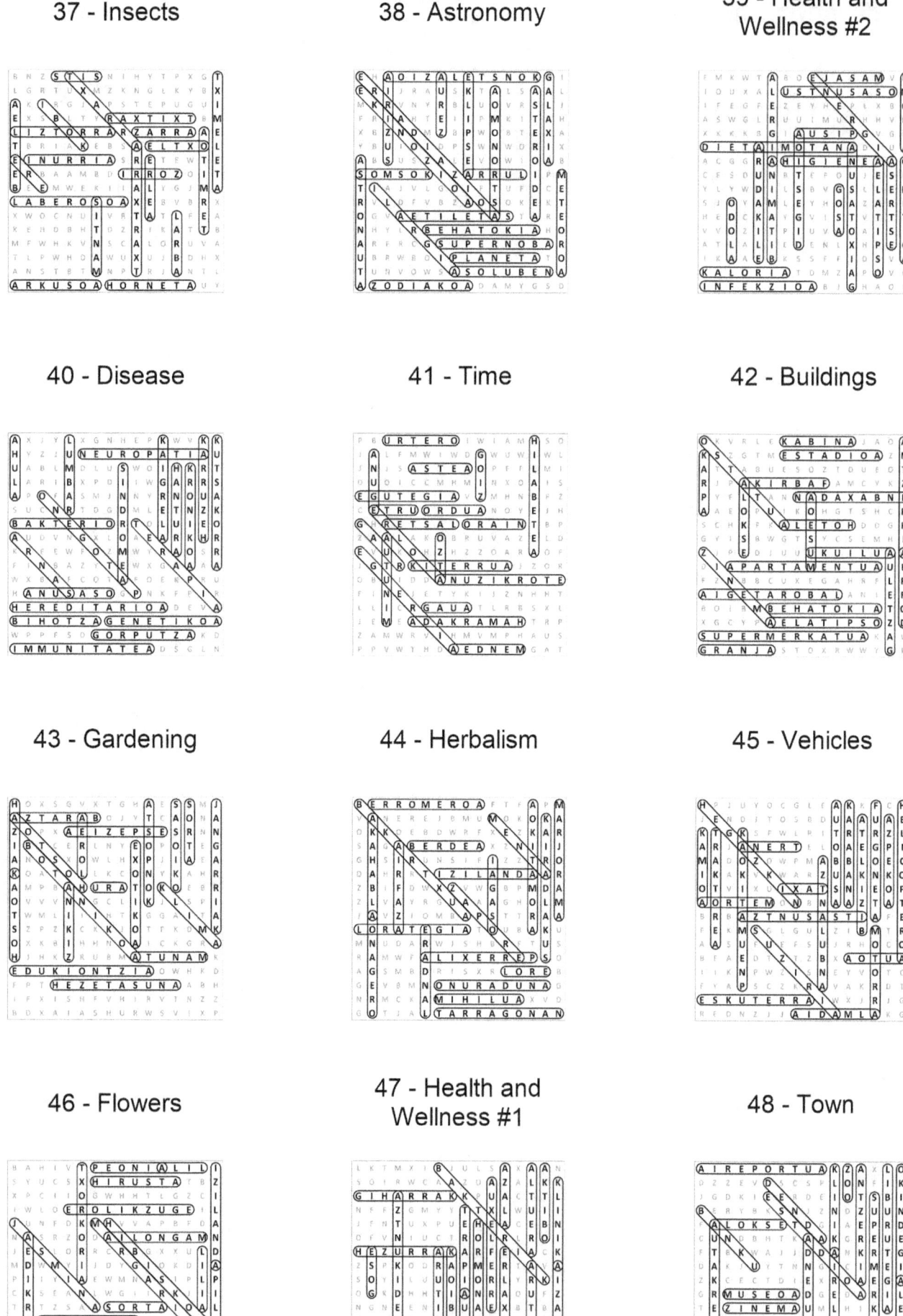

37 - Insects

38 - Astronomy

39 - Health and Wellness #2

40 - Disease

41 - Time

42 - Buildings

43 - Gardening

44 - Herbalism

45 - Vehicles

46 - Flowers

47 - Health and Wellness #1

48 - Town

49 - Antarctica

50 - Human Body

51 - Musical Instruments

52 - Fruit

53 - Engineering

54 - Kitchen

55 - Government

56 - Art Supplies

57 - Science Fiction

58 - Geometry

59 - Creativity

60 - Airplanes

61 - Ocean

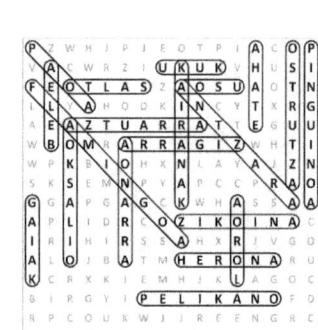

62 - Birds

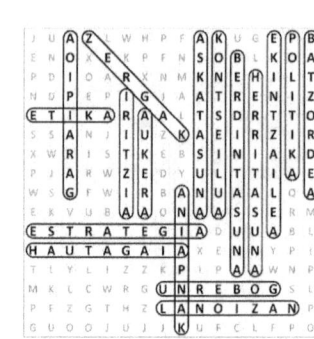

63 - Politics

64 - Nutrition

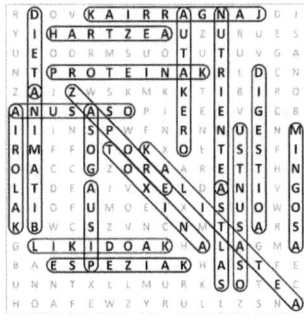

65 - Hiking

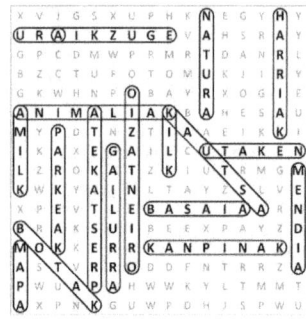

66 - Professions #1

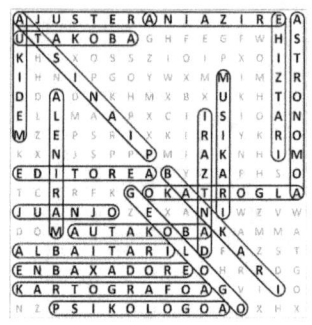

67 - Barbecues

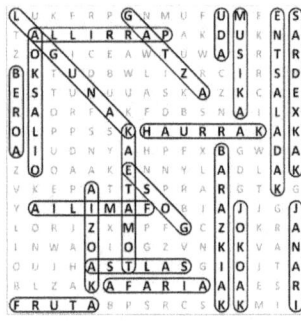

68 - Chocolate

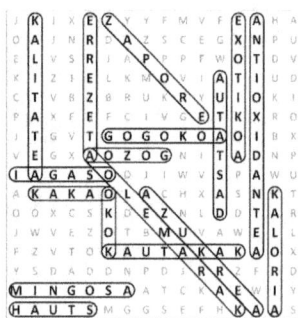

69 - Vegetables

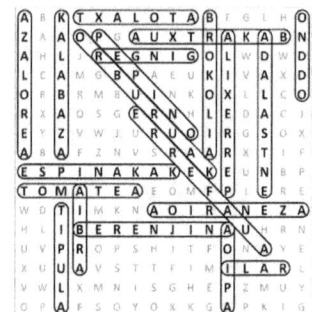

70 - Boats

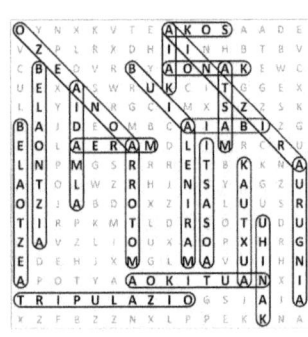

71 - Activities and Leisure

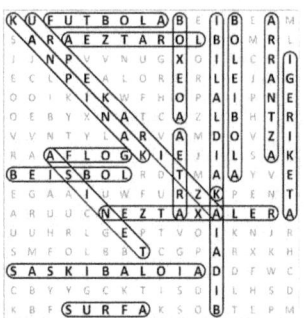

72 - Driving

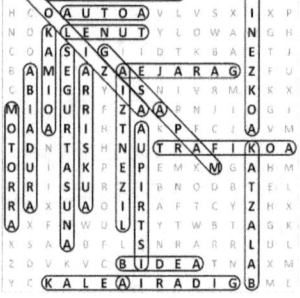

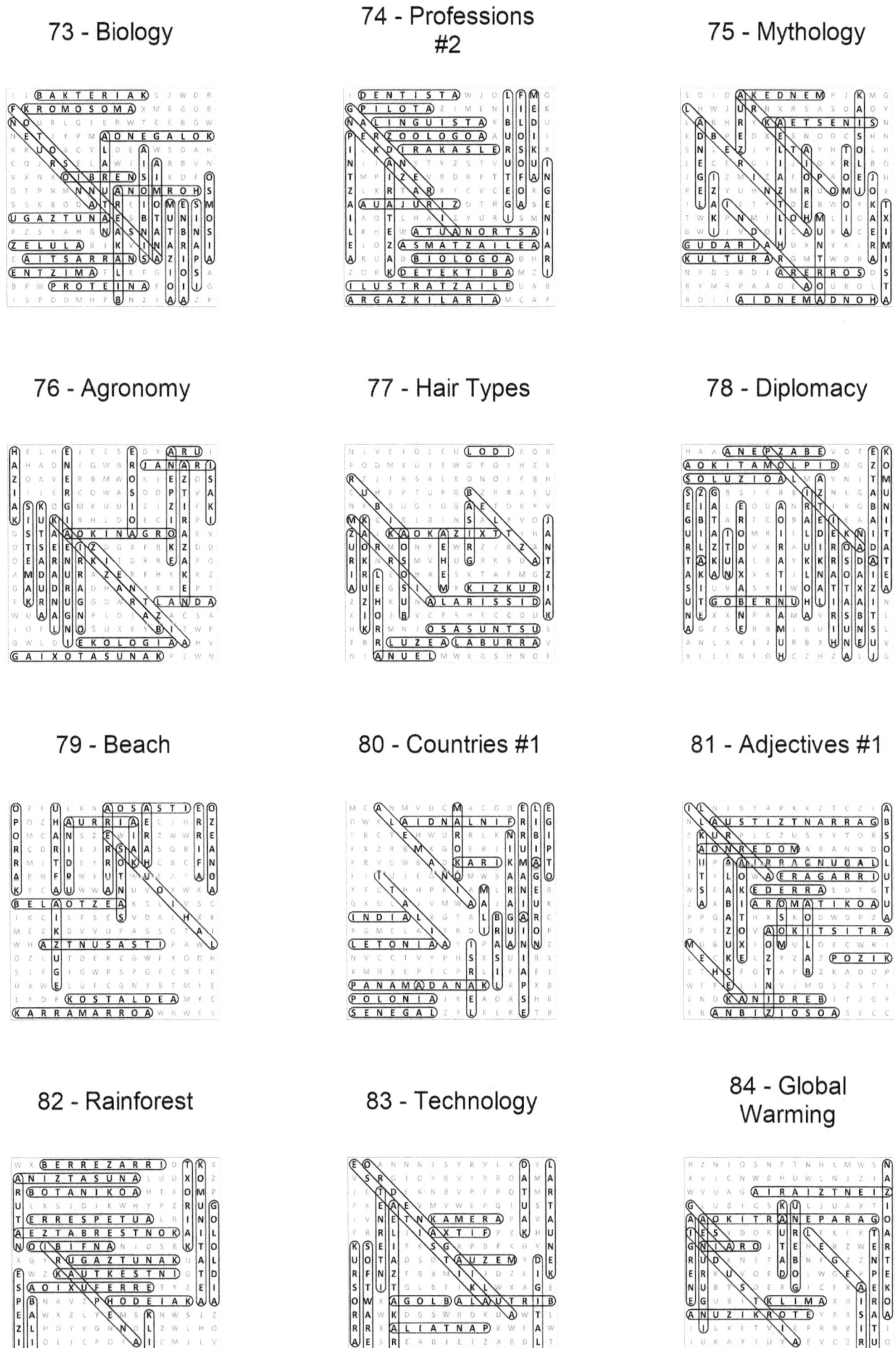

73 - Biology

74 - Professions #2

75 - Mythology

76 - Agronomy

77 - Hair Types

78 - Diplomacy

79 - Beach

80 - Countries #1

81 - Adjectives #1

82 - Rainforest

83 - Technology

84 - Global Warming

85 - Landscapes

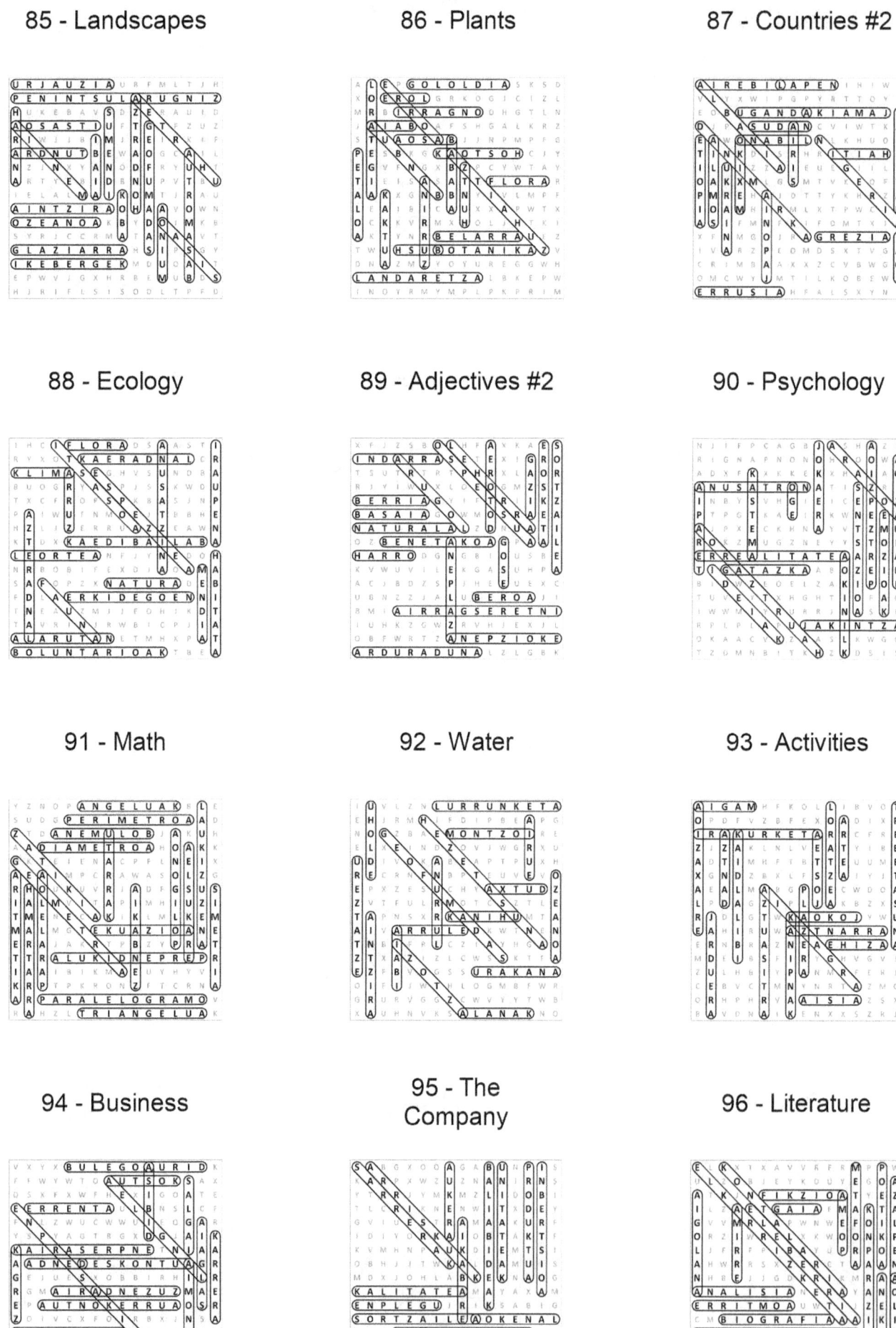

86 - Plants

87 - Countries #2

88 - Ecology

89 - Adjectives #2

90 - Psychology

91 - Math

92 - Water

93 - Activities

94 - Business

95 - The Company

96 - Literature

97 - Geography

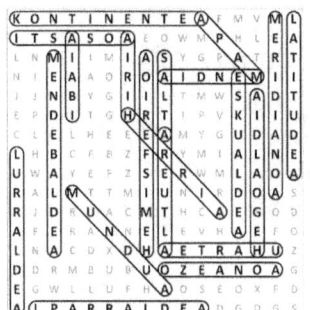

98 - Jazz

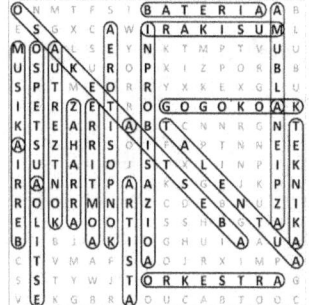

99 - Nature

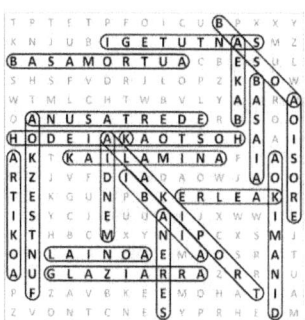

100 - Vacation #2

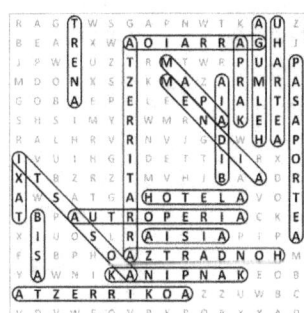

Dictionary

Activities
Jarduerak

Activity	Jarduera
Art	Artea
Camping	Kanpinak
Crafts	Artisautza
Dancing	Dantza
Fishing	Arrantza
Games	Jokoak
Gardening	Loratzea
Hiking	Ibilaldiak
Hunting	Ehiza
Leisure	Aisia
Magic	Magia
Photography	Argazkia
Pleasure	Plazera
Reading	Irakurketa
Relaxation	Erlaxazioa
Sewing	Jostea
Skill	Trebetasuna

Activities and Leisure
Ekintzak eta Aisialdia

Art	Artea
Baseball	Beisbol
Basketball	Saskibaloia
Boxing	Boxeoa
Camping	Kanpinak
Diving	Urpekaritza
Fishing	Arrantza
Gardening	Loratzea
Golf	Golfa
Hiking	Ibilaldiak
Relaxing	Relaxatzen
Soccer	Futbola
Surfing	Surfa
Swimming	Igeriketa
Tennis	Tenisa
Travel	Bidaiak
Volleyball	Boleibola

Adjectives #1
Adjektiboak #1

Absolute	Absolutua
Ambitious	Anbiziosoa
Aromatic	Aromatikoa
Artistic	Artistikoa
Attractive	Eragarri
Beautiful	Ederra
Dark	Iluna
Exotic	Exotikoa
Generous	Eskuzabala
Happy	Pozik
Heavy	Astuak
Helpful	Lagungarria
Honest	Zintzoa
Identical	Berdinak
Important	Garrantzitsua
Modern	Modernoa
Serious	Larria
Slow	Moso
Thin	Mehea
Valuable	Balioa

Adjectives #2
Busti Emankizuna #2

Authentic	Benetakoa
Creative	Sortzailea
Descriptive	Azalpena
Dry	Lehorra
Elegant	Dotorea
Famous	Ospetsua
Gifted	Erosketa
Healthy	Osasuntsu
Hot	Beroa
Hungry	Gose
Interesting	Interesgarria
Natural	Naturala
New	Berria
Productive	Ekoizpena
Proud	Harro
Responsible	Arduraduna
Salty	Gazia
Sleepy	Logura
Strong	Indarra
Wild	Basaia

Adventure
Abentura

Activity	Jarduera
Beauty	Edertasuna
Chance	Aukera
Dangerous	Arriskutsua
Destination	Helmuga
Difficulty	Zailtasuna
Excursion	Txangoa
Friends	Lagunak
Itinerary	Ibilbidea
Joy	Poza
Nature	Natura
Navigation	Nabigazioa
New	Berria
Preparation	Prestaketa
Safety	Segurtasuna
Unusual	Ezohikoa

Agronomy
Agronomia

Agriculture	Nekazaritza
Diseases	Gaixotasunak
Ecology	Ekologia
Energy	Energia
Environment	Ingurunea
Erosion	Erosioa
Fertilizer	Ongarri
Food	Janari
Organic	Organikoa
Plants	Landareak
Pollution	Kutsadura
Production	Ekoizpena
Rural	Landa
Science	Zientzia
Seeds	Haziak
Study	Ikasi
Systems	Sistemak
Vegetables	Barazkiak
Water	Ura

Airplanes
Hegazkinak

Adventure	Abentura
Air	Airea
Atmosphere	Giroa
Balloon	Baloia
Construction	Eraikuntza
Crew	Tripulazio
Descent	Jaitsiera
Design	Diseinua
Direction	Norabidea
Engine	Motorra
Fuel	Erregaia
Height	Altuera
History	Historia
Hydrogen	Hidrogenoa
Landing	Lurreratzea
Passenger	Bidaiaria
Pilot	Pilota
Propellers	Helizak
Sky	Zerua
Turbulence	Turbulentzia

Algebra
Aljebra

Diagram	Diagrama
Equation	Ekuazioa
Exponent	Erakuslea
Factor	Faktorea
False	Gezurra
Formula	Formula
Fraction	Zatikia
Graph	Grafikoa
Infinite	Infinitu
Linear	Lineala
Matrix	Matrizea
Number	Zenbakia
Parenthesis	Adibidea
Problem	Arazoa
Simplify	Splifiktu
Solution	Soluzioa
Subtraction	Kenketa
Variable	Aldagaia
Zero	Zero

Antarctica
Antartika

Bay	Badia
Birds	Txoriak
Clouds	Hodeiak
Conservation	Kontserbazio
Continent	Kontinentea
Cove	Kala
Environment	Ingurunea
Expedition	Espedizioa
Geography	Geografia
Glaciers	Glaziarrak
Ice	Izotza
Islands	Uharteak
Migration	Migrazioa
Peninsula	Penintsula
Researcher	Ikertzailea
Rocky	Rokia
Scientific	Zientifikoa
Temperature	Tenperatura
Topography	Topografia
Water	Ura

Antiques
Antzinatekoak

Art	Artea
Auction	Enkante
Authentic	Benetakoa
Century	Mendea
Coins	Txanponak
Decades	Hamarkada
Decorative	Dekorazio
Elegant	Dotorea
Furniture	Altzariak
Gallery	Galeria
Investment	Inbertsioa
Jewelry	Bitxiak
Old	Zaharra
Price	Prezioa
Quality	Kalitatea
Restoration	Berrezarri
Sculpture	Ezpata
Style	Estiloa
Unusual	Ezohikoa
Value	Balioa

Archeology
Arkeologia

Analysis	Analisia
Antiquity	Antzinak
Bones	Hezurrak
Civilization	Zibilizazioa
Descendant	Ondorengoa
Era	Era
Evaluation	Ebaluazioa
Expert	Aditua
Forgotten	Ahaztu
Fossil	Fosila
Mystery	Misterioa
Objects	Objektuak
Relic	Erlikia
Researcher	Ikertzailea
Team	Taldea
Temple	Tenplua
Tomb	Hilobia
Unknown	Ezezaguna
Years	Urteak

Art Supplies
Arte-Hornidura

Acrylic	Akrilikoa
Brushes	Brotxak
Camera	Kamera
Chair	Aulki
Clay	Buztina
Creativity	Sormena
Easel	Zabaltea
Eraser	Gogomarra
Glue	Kola
Ideas	Ideiak
Ink	Tinta
Oil	Olioa
Paper	Papera
Pencils	Arkatzak
Table	Taula
Water	Ura
Watercolors	Akuarela

Astronomy
Astronomia

Asteroid	Asteroidea
Astronaut	Astronauta
Astronomer	Astronomoa
Constellation	Konstelazioa
Cosmos	Kosmos
Earth	Lurra
Eclipse	Eklipsea
Equinox	Ekinozioa
Galaxy	Galaxia
Meteor	Meteoroa
Moon	Ilargia
Nebula	Nebulosa
Observatory	Behatokia
Planet	Planeta
Radiation	Erradiazioa
Rocket	Suziria
Satellite	Satelitea
Sky	Zerua
Supernova	Supernoba
Zodiac	Zodiakoa

Barbecues
Erretegiak

Chicken	Oilaskoa
Children	Haurrak
Dinner	Afaria
Family	Familia
Food	Janari
Forks	Sardexkak
Friends	Lagunak
Fruit	Fruta
Games	Jokoak
Grill	Parrilla
Hot	Beroa
Hunger	Gose
Knives	Aizoak
Music	Musika
Salads	Entsaladak
Salt	Gatza
Sauce	Saltsa
Summer	Uda
Tomatoes	Tomateak
Vegetables	Barazkiak

Beach
Hondartza

Blue	Urdina
Boat	Itsasuntza
Coast	Kostaldea
Crab	Karramarroa
Dock	Kaia
Island	Uhartea
Lagoon	Aurrera
Ocean	Ozeanoa
Reef	Errifa
Sailboat	Belaotzea
Sand	Harea
Sandals	Santos
Sea	Itsasoa
Sun	Eguzkia
Towel	Eskuoihal
Umbrella	Aurria
Vacation	Oporrak

Beauty
Edertasuna

Charm	Xarma
Color	Kolore
Cosmetics	Kosmetika
Curls	Kizurkoak
Elegance	Dotorezia
Elegant	Dotorea
Fragrance	Usain
Grace	Grazia
Lipstick	Ezpantea
Makeup	Makillaje
Mascara	Mbarara
Mirror	Ispilua
Photogenic	Fotogenikoa
Scissors	Guraziak
Services	Zerbitzuak
Shampoo	Xanpua
Skin	Azala
Stylist	Estilista

Bees
Erleak

Beneficial	Onuraduna
Blossom	Lorea
Diversity	Aniztasuna
Ecosystem	Ekosistema
Flowers	Loreak
Food	Janari
Fruit	Fruta
Garden	Lorategia
Habitat	Habitata
Hive	Hemen
Honey	Eztia
Insect	Intsektu
Plants	Landareak
Pollen	Polena
Pollinator	Polinatzailea
Queen	Erregina
Smoke	Ke
Sun	Eguzkia
Swarm	Serria
Wax	Argizaria

Biology
Biologia

Anatomy	Anatomia
Bacteria	Bakteriak
Cell	Zelula
Chromosome	Kromosoma
Collagen	Kolagenoa
Embryo	Enbrioia
Enzyme	Entzima
Evolution	Bilakaera
Hormone	Hormona
Mammal	Ugaztuna
Mutation	Mutazioa
Natural	Naturala
Nerve	Nerbio
Neuron	Neurona
Osmosis	Osmosia
Photosynthesis	Fotosintesia
Protein	Proteina
Reptile	Narrastia
Symbiosis	Sinbiosia
Synapse	Sinapsi

Birds
Hegaztiak

Canary	Kanariak
Chicken	Oilaskoa
Crow	Belea
Cuckoo	Kuku
Dove	Usoa
Duck	Ahate
Eagle	Arranoa
Egg	Arrautza
Flamingo	Flamingoa
Goose	Antzara
Heron	Herona
Ostrich	Ostrutza
Parrot	Loroa
Peacock	Paoa
Pelican	Pelikano
Penguin	Pinguinoa
Sparrow	Salto
Stork	Zikoina
Swan	Zigarra
Toucan	Gaiak

Boats
Itsasontziak

Anchor	Aingurua
Buoy	Buia
Canoe	Kanoa
Crew	Tripulazio
Dock	Kaia
Engine	Motorra
Kayak	Kautxua
Lake	Aintzira
Mast	Masta
Nautical	Nautikoa
Ocean	Ozeanoa
Raft	Almadia
River	Ibaia
Rope	Soka
Sailboat	Belaotzea
Sailor	Marinela
Sea	Itsasoa
Tide	Marea
Waves	Uhinak
Yacht	Belaontzia

Books
Liburuak

Adventure	Abentura
Author	Egilea
Collection	Bilduma
Context	Testuingurua
Duality	Dualitatea
Epic	Epikoa
Historical	Historikoa
Humorous	Umorezkoa
Inventive	Asmatzailea
Literary	Literarioa
Narrator	Kontalaria
Novel	Eleberria
Page	Orria
Poem	Poema
Poetry	Poesia
Reader	Irakurlea
Relevant	Garrantzitsua
Story	Ipuina
Tragic	Tragiko
Written	Idatzia

Buildings
Eraikinak

Apartment	Apartamentua
Barn	Ukuilua
Cabin	Kabina
Castle	Gaztelua
Cinema	Zinema
Embassy	Enbaxadan
Factory	Fabrika
Farm	Granja
Hospital	Ospitalea
Hostel	Ostatua
Hotel	Hotela
Laboratory	Laborategia
Museum	Museoa
Observatory	Behatokia
School	Eskola
Stadium	Estadioa
Supermarket	Supermerkatua
Tent	Karpa
Theater	Antzerkia
Tower	Dorrea

Business
Negozioak

Budget	Aurrekontua
Career	Karrera
Company	Enpresa
Cost	Kostua
Currency	Dibisa
Discount	Deskontua
Economics	Ekonomia
Employee	Langilea
Employer	Enpresariak
Factory	Fabrika
Finance	Finantzak
Income	Errenta
Investment	Inbertsioa
Manager	Zuzendaria
Merchandise	Salgaia
Money	Dirua
Office	Bulegoa
Sale	Salgai
Shop	Denda
Taxes	Zergak

Camping
Kanpinean

Adventure	Abentura
Animals	Animaliak
Cabin	Kabina
Canoe	Kanoa
Compass	Konpasa
Fire	Sute
Forest	Basoa
Fun	Dibertigarria
Hammock	Hamaka
Hat	Txapela
Hunting	Ehiza
Insect	Intsektu
Lake	Aintzira
Map	Mapa
Moon	Ilargia
Mountain	Mendia
Nature	Natura
Rope	Soka
Tent	Karpa
Trees	Zuhaitzak

Chemistry
Kimika

Acid	Azidoa
Alkaline	Alkalinoa
Atomic	Atomikoa
Carbon	Karbono
Catalyst	Kalizatzailea
Chlorine	Kloro
Electron	Elektroia
Enzyme	Entzima
Gas	Gasa
Heat	Beroa
Hydrogen	Hidrogenoa
Ion	Ion
Liquid	Likidoa
Molecule	Molekula
Nuclear	Nuklearra
Organic	Organikoa
Oxygen	Oxigenoa
Salt	Gatza
Temperature	Tenperatura
Weight	Pisua

Chocolate
Txokolatea

Antioxidant	Antioxidantea
Bitter	Mingosa
Cacao	Kakao
Calories	Kaloria
Caramel	Karameloa
Coconut	Koko
Exotic	Exotikoa
Favorite	Gogokoa
Flavor	Zapore
Ingredient	Osagai
Peanuts	Kakatuak
Powder	Hauts
Quality	Kalitatea
Recipe	Errezeta
Sugar	Azukrea
Sweet	Gozoa
Taste	Dastatua

Clothes
Arropa

Apron	Mantala
Belt	Gerrikoa
Blouse	Brusa
Bracelet	Eskumuturreko
Coat	Berria
Dress	Jantzia
Fashion	Moda
Gloves	Eskularruak
Hat	Txapela
Jacket	Jaka
Jeans	Bakeroak
Jewelry	Bitxiak
Pajamas	Pijama
Pants	Prakak
Sandals	Santos
Scarf	Zafia
Shirt	Kamiseta
Shoe	Zapata
Skirt	Gona
Sweater	Jertsea

Colors
Koloreak

Azure	Azurra
Beige	Beigeren
Black	Beltza
Blue	Urdina
Brown	Marroia
Cyan	Ziana
Fuchsia	Fuksia
Green	Berdea
Grey	Grisa
Magenta	Magenta
Orange	Laranja
Pink	Arrosa
Purple	Morea
Red	Gorria
Violet	Bioleta
White	Zuria
Yellow	Horia

Countries #1
Herrialdeak #1

Brazil	Brasil
Canada	Kanada
Egypt	Egipto
Finland	Finlandia
Germany	Alemania
India	India
Iraq	Irak
Israel	Israel
Italy	Italia
Latvia	Letonia
Libya	Libia
Mali	Mali
Morocco	Maroko
Nicaragua	Nikaragua
Norway	Noruega
Panama	Panama
Poland	Polonia
Romania	Errumania
Senegal	Senegal
Vietnam	Espainia

Countries #2
Herrialdeak #2

Albania	Albania
Denmark	Danimarka
Ethiopia	Etiopia
Greece	Grezia
Haiti	Haiti
Jamaica	Jamaika
Japan	Japonia
Laos	Laos
Lebanon	Libano
Liberia	Liberia
Mexico	Mexiko
Nepal	Nepal
Nigeria	Nigeria
Pakistan	Pakistan
Russia	Errusia
Somalia	Somalia
Sudan	Sudan
Syria	Siria
Uganda	Uganda
Ukraine	Ukraina

Creativity
Kreatibitatea

Artistic	Artistikoa
Authenticity	Bentikotasuna
Clarity	Argitasuna
Dramatic	Dramatikoa
Emotions	Emozioak
Expression	Adierazpena
Ideas	Ideiak
Image	Irudia
Imagination	Irudimena
Inspiration	Inspirazioa
Intensity	Intentsitatea
Intuition	Intuizio
Inventive	Asmatzailea
Sensation	Sentsazioa
Skill	Trebetasuna
Spontaneous	Espontaneoa
Visions	Irudiak
Vitality	Bizitasun

Dance
Dantza

Academy	Akademia
Art	Artea
Body	Gorputza
Choreography	Koreografia
Classical	Klasikoa
Cultural	Kultur
Culture	Kultura
Emotion	Emozioa
Expressive	Adierazpena
Grace	Grazia
Joyful	Pozik
Movement	Mugimendua
Music	Musika
Partner	Bazkidea
Rhythm	Erritmoa
Traditional	Tradizionala
Visual	Ikusiz

Days and Months
Egunak eta Hilabeteak

April	Apirila
August	Abuztu
Calendar	Egutegia
February	Otsaila
Friday	Ostirala
January	Urtarrila
July	Uztaila
March	Martxoa
Monday	Astelehena
Month	Hilabetea
November	Azaroa
October	Urria
Saturday	Larunbata
September	Iraila
Sunday	Igandea
Thursday	Osteguna
Tuesday	Asteartea
Wednesday	Asteazkena
Week	Astea
Year	Urtea

Diplomacy
Diplomazia

Adviser	Aholkulari
Ambassador	Enbaxadore
Citizens	Hiritarrei
Civic	Zibila
Community	Komunitatea
Conflict	Gatazka
Cooperation	Lankidetza
Diplomatic	Diplomatikoa
Discussion	Eztabaida
Embassy	Enbaxadan
Ethics	Etika
Government	Gobernu
Humanitarian	Humanitarioa
Integrity	Osotasuna
Justice	Justizia
Politics	Politika
Resolution	Ebazpena
Security	Segurtasuna
Solution	Soluzioa
Treaty	Itun

Disease
Gaixotasuna

Abdominal	Abdominala
Allergies	Alergiak
Bacterial	Bakterio
Body	Gorputza
Bones	Hezurrak
Chronic	Kronikoa
Contagious	Kutsakorra
Genetic	Genetikoa
Health	Osasuna
Heart	Bihotza
Hereditary	Hereditarioa
Immunity	Immunitatea
Inflammation	Hantura
Lumbar	Lumbar
Neuropathy	Neuropatia
Pathogens	Patogeno
Respiratory	Arnas
Syndrome	Sindromea
Therapy	Terapia
Weak	Ahula

Driving
Gidatzen

Accident	Istripua
Brakes	Balaztak
Car	Autoa
Danger	Arriskua
Driver	Gidaria
Fuel	Erregaia
Garage	Garajea
Gas	Gasa
License	Lizentzia
Map	Mapa
Motorcycle	Motorra
Pedestrian	Oinezkoa
Police	Polizia
Road	Bidea
Safety	Segurtasuna
Speed	Abiadura
Street	Kalea
Traffic	Trafikoa
Truck	Kamioa
Tunnel	Tunel

Ecology
Ekologia

Climate	Klima
Communities	Erkidegoen
Diversity	Aniztasuna
Drought	Leortea
Fauna	Fauna
Flora	Flora
Habitat	Habitata
Marine	Itsasoa
Marsh	Zurra
Mountains	Mendia
Natural	Naturala
Nature	Natura
Plants	Landareak
Resources	Baliabideak
Species	Espeziea
Survival	Iraupena
Vegetation	Landaretza
Volunteers	Boluntarioak

Energy
Energia

Battery	Bateria
Carbon	Karbono
Diesel	Diesel
Electric	Elektrikoa
Electron	Elektroia
Entropy	Entropia
Environment	Ingurunea
Fuel	Erregaia
Gasoline	Gasolina
Heat	Beroa
Hydrogen	Hidrogenoa
Industry	Industria
Motor	Motorra
Nuclear	Nuklearra
Photon	Fotoia
Pollution	Kutsadura
Steam	Lurruna
Sun	Eguzkia
Turbine	Turbina
Wind	Haizea

Engineering
Ingeniaritza

Angle	Angelua
Axis	Ardatza
Calculation	Kalkulua
Construction	Eraikuntza
Depth	Sakona
Diagram	Diagrama
Diameter	Diametroa
Diesel	Diesel
Distribution	Banaketa
Energy	Energia
Levers	Palankak
Liquid	Likidoa
Machine	Makina
Measurement	Neurria
Motor	Motorra
Propulsion	Propulsiona
Stability	Egonkortasuna
Strength	Indarra
Structure	Egitura

Family
Familia

Ancestor	Asaba
Aunt	Izeba
Brother	Anaia
Child	Ume
Childhood	Haurtzaroa
Children	Haurrak
Cousin	Lehuskua
Daughter	Alaba
Father	Aita
Grandchild	Dedek
Grandfather	Aitona
Grandmother	Amona
Grandson	Biloba
Husband	Senarra
Mother	Ama
Nephew	Iloba
Paternal	Aitaren
Sister	Arreba
Uncle	Osaba
Wife	Emaztea

Farm #1
Etxaldeko #1

Agriculture	Nekazaritza
Bee	Erlea
Bison	Bisonte
Calf	Eep
Cat	Katua
Chicken	Oilaskoa
Cow	Behi
Crow	Belea
Dog	Txakurra
Donkey	Asto
Fence	Hesia
Fertilizer	Ongarri
Field	Zelaia
Goat	Achurra
Hay	Garoa
Honey	Eztia
Horse	Zaldia
Rice	Arroza
Seeds	Haziak
Water	Ura

Farm #2
Baserriko #2

Animals	Animaliak
Barley	Gararra
Barn	Ukuilua
Corn	Artoa
Duck	Ahate
Farmer	Nekazaria
Food	Janari
Fruit	Fruta
Irrigation	Ureztatze
Lamb	Arkudia
Llama	Llama
Meadow	Beladia
Milk	Esne
Orchard	Baratza
Sheep	Ardiak
Tractor	Traktorea
Vegetable	Barazki
Wheat	Garia
Windmill	Errota

Flowers
Loreak

Bouquet	Sorta
Clover	Hirusta
Daisy	Margarita
Dandelion	Txorkoria
Gardenia	Gardenia
Hibiscus	Hibiskoa
Jasmine	Jasmina
Lavender	Izilanda
Lilac	Lila
Lily	Lilia
Magnolia	Magnolia
Orchid	Orkidea
Peony	Peonia
Petal	Petala
Poppy	Mitxeta
Sunflower	Eguzkilore
Tulip	Tulipa

Food #1
Elikagaien #1

Apricot	Abrikot
Barley	Gararra
Basil	Albahaka
Carrot	Azenarioa
Cinnamon	Kanela
Garlic	Bakartxua
Juice	Zukua
Lemon	Limoia
Milk	Esne
Onion	Tipula
Peanut	Kakahuete
Pear	Udarea
Salad	Entsalada
Salt	Gatza
Soup	Zopa
Spinach	Espinakak
Strawberry	Marrubi
Sugar	Azukrea
Tuna	Atun
Turnip	Arbia

Food #2
Elikadura #2

Apple	Sagarra
Artichoke	Orburuak
Banana	Banana
Broccoli	Brokolia
Celery	Apioa
Cheese	Gazta
Cherry	Gerezi
Chicken	Oilaskoa
Chocolate	Txokolatea
Egg	Arrautza
Eggplant	Berenjina
Fish	Arraina
Grape	Mahatsa
Ham	Urdaiazpikoa
Kiwi	Kideen
Mushroom	Onddo
Rice	Arroza
Tomato	Tomatea
Wheat	Garia
Yogurt	Jogurt

Fruit
Fruta

Apple	Sagarra
Apricot	Abrikot
Avocado	Aukatea
Banana	Banana
Berry	Baia
Cherry	Gerezi
Coconut	Koko
Fig	Irudia
Grape	Mahatsa
Guava	Guaba
Kiwi	Kideen
Lemon	Limoia
Mango	Mangoa
Melon	Melioa
Nectarine	Nektarina
Papaya	Papaia
Peach	Melokotoi
Pear	Udarea
Pineapple	Anana
Raspberry	Mugurdi

Gardening
Lorazaintza

Botanical	Botanikoa
Bouquet	Sorta
Climate	Klima
Compost	Konposta
Container	Edukiontzia
Dirt	Zikina
Edible	Jangarriak
Exotic	Exotikoa
Floral	Lorea
Foliage	Hostoak
Hose	Manuta
Leaf	Hostoa
Moisture	Hezetasuna
Orchard	Baratza
Seasonal	Sasoiko
Seeds	Haziak
Species	Espeziea
Water	Ura

Geography
Geografia

Altitude	Altuera
Atlas	Atlas
City	Hiria
Continent	Kontinentea
Country	Herria
Hemisphere	Hemisferioa
Island	Uhartea
Latitude	Latitudea
Map	Mapa
Meridian	Meridianoa
Mountain	Mendia
North	Iparraldea
Ocean	Ozeanoa
Region	Eskualdea
River	Ibaia
Sea	Itsasoa
South	Hegoaldia
Territory	Lurraldea
West	Mendebaldea
World	Mundua

Geology
Geologia

Acid	Azidoa
Calcium	Kalzioa
Cavern	Lezea
Continent	Kontinentea
Coral	Korala
Crystals	Kristalak
Cycles	Zikloak
Earthquake	Lurrikara
Erosion	Erosioa
Fossil	Fosila
Geyser	Geofumadas
Lava	Laba
Layer	Geruza
Minerals	Mineralak
Plateau	Plateau
Quartz	Kuartzoa
Salt	Gatza
Stalactite	Estalaktita
Stone	Harria
Volcano	Sumendi

Geometry
Geometria

Angle	Angelua
Calculation	Kalkulua
Circle	Zirkulu
Curve	Kurba
Diameter	Diametroa
Dimension	Neurria
Equation	Ekuazioa
Height	Altuera
Horizontal	Horizontala
Logic	Logika
Mass	Meza
Median	Mediana
Number	Zenbakia
Parallel	Paraleloa
Proportion	Proportzioa
Segment	Segmentua
Surface	Azalera
Symmetry	Simetria
Theory	Teoria
Triangle	Triangelua

Global Warming
Berotze Globala

Arctic	Artikoa
Climate	Klima
Crisis	Krisia
Data	Datuak
Development	Garapena
Energy	Energia
Environmental	Ingurunea
Future	Etorkizuna
Gas	Gasa
Generations	Belaunaldiak
Government	Gobernu
Industry	Industria
International	Nazioartekoa
Legislation	Legea
Now	Orain
Scientist	Zientziaria
Temperatures	Tenperatura

Government
Gobernua

Citizenship	Herritarrak
Civil	Zibila
Constitution	Konstituzio
Democracy	Demokrazia
Discussion	Eztabaida
Equality	Berdintasuna
Judicial	Judiziala
Justice	Justizia
Law	Legea
Leader	Lidera
Liberty	Askatasuna
Monument	Monumentu
Nation	Nazioa
National	Nazional
Peaceful	Bakea
Politics	Politika
Speech	Ahotsa
State	Estatu
Symbol	Ikurra

Hair Types
Ile-Motak

Bald	Busosoa
Black	Beltza
Blond	Rubia
Braided	Jantziak
Braids	Txizakoak
Brown	Marroia
Curls	Kizurkoak
Curly	Kizkur
Dry	Lehorra
Gray	Grisa
Healthy	Osasuntsu
Long	Luzea
Shiny	Dissirala
Short	Laburra
Soft	Leuna
Thick	Lodi
Thin	Mehea
White	Zuria

Health and Wellness #1
Osasuna eta Edertasuna #1

Active	Aktibo
Bacteria	Bakteriak
Bones	Hezurrak
Clinic	Klinika
Doctor	Medikua
Fracture	Haustura
Habit	Ohitura
Height	Altuera
Hormones	Hormonak
Hunger	Gose
Medicine	Medikuntza
Muscles	Giharrak
Nerves	Nerbioak
Pharmacy	Farmazia
Reflex	Erreflexua
Relaxation	Erlaxazioa
Skin	Azala
Therapy	Terapia
Treatment	Tratamendua
Virus	Birus

Health and Wellness #2
Osasuna eta Edertasuna #2

Allergy	Alergia
Anatomy	Anatomia
Appetite	Gosa
Blood	Odola
Calorie	Kaloria
Diet	Dieta
Digestion	Digestioa
Disease	Gaixotasuna
Energy	Energia
Genetics	Genetica
Healthy	Osasuntsu
Hospital	Ospitalea
Hygiene	Higienea
Infection	Infekzioa
Massage	Masaje
Mood	Umorea
Nutrition	Elikadura
Stress	Estresa
Vitamin	Bitamina
Weight	Pisua

Herbalism
Herbalismoa

Aromatic	Aromatikoa
Basil	Albahaka
Beneficial	Onuraduna
Culinary	Sukaldariak
Fennel	Mihilua
Flavor	Zapore
Flower	Lore
Garden	Lorategia
Garlic	Bakartxua
Green	Berdea
Ingredient	Osagai
Lavender	Izilanda
Marjoram	Marjorama
Mint	Menta
Oregano	Oreganoa
Parsley	Perrexila
Plant	Landare
Rosemary	Erromeroa
Saffron	Azafria
Tarragon	Tarragonan

Hiking
Mendi Ibilaldiak

Animals	Animaliak
Boots	Botak
Camping	Kanpinak
Cliff	Klik
Climate	Klima
Heavy	Astuak
Map	Mapa
Mountain	Mendia
Nature	Natura
Orientation	Orientazio
Parks	Parkeak
Preparation	Prestaketa
Stones	Harriak
Summit	Gailurra
Sun	Eguzkia
Tired	Nekatu
Water	Ura
Wild	Basaia

House
Etxea

Attic	Atikoa
Broom	Erratza
Curtains	Errezelak
Door	Ate
Fence	Hesia
Fireplace	Tximinia
Floor	Solairua
Furniture	Altzariak
Garage	Garajea
Garden	Lorategia
Keys	Teklak
Kitchen	Sukaldea
Lamp	Lanpara
Library	Liburutegia
Mirror	Ispilua
Roof	Saila
Room	Gela
Shower	Dutxa
Wall	Horma
Window	Lehioa

Human Body
Giza Gorputza

Ankle	Orkatila
Blood	Odola
Bones	Hezurrak
Brain	Garuna
Chin	Txina
Ear	Carra
Elbow	Ukodoa
Face	Aurpegia
Finger	Hatz
Hand	Eskua
Head	Burua
Heart	Bihotza
Jaw	Jun
Knee	Belaun
Leg	Hanka
Mouth	Ahoa
Neck	Lepoa
Nose	Sudurra
Shoulder	Sorbalda
Skin	Azala

Insects
Intsektuak

Ant	Inurria
Aphid	Zorri
Bee	Erlea
Beetle	Beetle-A
Butterfly	Tximeleta
Cicada	Txitxar
Cockroach	Laberosoa
Dragonfly	Ere
Flea	Arkusoa
Grasshopper	Txartxarra
Hornet	Horneta
Ladybug	Kobi
Larva	Larba
Locust	Txarra
Mantis	Mantis
Mosquito	Eltxo
Moth	Sits
Termite	Termitoa
Wasp	Liztorra
Worm	Zarra

Jazz
Jazza

Album	Albuma
Artist	Artista
Composer	Konpositorea
Composition	Osaketa
Concert	Kontzertua
Drums	Bateria
Emphasis	Azpiena
Famous	Ospetsua
Favorites	Gogokoak
Improvisation	Inprobisazioa
Music	Musika
Musicians	Musikari
New	Berria
Old	Zaharra
Orchestra	Orkestra
Rhythm	Erritmoa
Song	Abestia
Style	Estiloa
Talent	Talentua
Technique	Teknika

Kitchen
Sukaldea

Apron	Mantala
Bowl	Txikia
Chopsticks	Txapilak
Cups	Kopak
Food	Janari
Forks	Sardexkak
Freezer	Izoztzailea
Grill	Parrilla
Jug	Pitxarra
Kettle	Kaldera
Knives	Aizoak
Napkin	Ezagaila
Oven	Labea
Recipe	Errezeta
Refrigerator	Hozkailua
Spices	Espeziak
Sponge	Belakia
Spoons	Koilarak

Landscapes
Paisaiak

Beach	Hondartza
Cave	Koba
Desert	Basamortua
Geyser	Geofumadas
Glacier	Glaziarra
Hill	Muinoa
Iceberg	Ikebergek
Island	Uhartea
Lake	Aintzira
Mountain	Mendia
Oasis	Oasis
Ocean	Ozeanoa
Peninsula	Penintsula
River	Ibaia
Sea	Itsasoa
Swamp	Zingura
Tundra	Tundra
Valley	Harana
Volcano	Sumendi
Waterfall	Ur-Jauzia

Literature
Literatura

Analogy	Analogia
Analysis	Analisia
Anecdote	Anekdota
Author	Egilea
Biography	Biografia
Comparison	Konparazioa
Conclusion	Ondorioa
Description	Azalpena
Dialogue	Elkarrizketa
Fiction	Fikzioa
Metaphor	Metafora
Narrator	Kontalaria
Novel	Eleberria
Poem	Poema
Poetic	Poetikoa
Rhyme	Errima
Rhythm	Erritmoa
Style	Estiloa
Theme	Gaia
Tragedy	Tragedia

Mammals
Ugaztunak

Bear	Hartz
Beaver	Castora
Bull	Zezena
Cat	Katua
Coyote	Koiotea
Dog	Txakurra
Dolphin	Iururdea
Elephant	Elefantea
Fox	Azeria
Giraffe	Jirafa
Gorilla	Gorilla
Horse	Zaldia
Kangaroo	Kanguru
Lion	Lehoia
Monkey	Tximoa
Rabbit	Untxia
Sheep	Ardiak
Whale	Balea
Wolf	Otsoa
Zebra	Zebra

Math
Matematikak

Angles	Angeluak
Arithmetic	Aritmetika
Decimal	Hamartarra
Diameter	Diametroa
Equation	Ekuazioa
Exponent	Erakuslea
Fraction	Zatikia
Geometry	Geometria
Numbers	Zenbakia
Parallel	Paraleloa
Parallelogram	Paralelogramo
Perimeter	Perimetroa
Perpendicular	Perpendikula
Polygon	Poligonoa
Rectangle	Laukizuzena
Square	Karratu
Symmetry	Simetria
Triangle	Triangelua
Volume	Bolumena

Measurements
Neurketak

Byte	Uztarria
Centimeter	Zentimetroa
Decimal	Hamartarra
Degree	Gradu
Depth	Sakona
Gram	Gram
Height	Altuera
Inch	Hazt
Kilogram	Kilogramoa
Kilometer	Kilometro
Length	Luzera
Liter	Litroa
Mass	Meza
Meter	Metroa
Minute	Minutua
Ounce	Ontza
Ton	Tonoa
Volume	Bolumena
Weight	Pisua
Width	Zabalera

Meditation
Meditazioa

Acceptance	Onartzea
Awake	Esna
Breathing	Arnasketa
Calm	Lasaia
Clarity	Argitasuna
Compassion	Errukia
Emotions	Emozioak
Gratitude	Esker On
Kindness	Ondotasuna
Mental	Buru
Mind	Gogoa
Movement	Mugimendua
Music	Musika
Nature	Natura
Peace	Bakea
Perspective	Perspektiba
Silence	Isildu
Thoughts	Pentsamenduak

Music
Musika

Album	Albuma
Ballad	Balada
Chorus	Korua
Classical	Klasikoa
Harmonic	Harmoniko
Harmony	Harmonia
Instrument	Tresna
Lyrical	Lirikoa
Melody	Melodia
Microphone	Mikrofonoa
Musical	Musika
Musician	Musikari
Opera	Opera
Poetic	Poetikoa
Recording	Grabazioa
Rhythm	Erritmoa
Rhythmic	Erritmikoa
Sing	Abestu
Singer	Kantaria
Vocal	Boka

Musical Instruments
Musika Instrumentuak

Banjo	Banjoa
Bassoon	Fagota
Cello	Biolontxeloa
Clarinet	Klarinetea
Drum	Danborra
Flute	Txirula
Gong	Gong
Guitar	Gitarra
Harp	Harpa
Mandolin	Mandolina
Marimba	Marimba
Oboe	Oboea
Percussion	Perkusioa
Piano	Pianoa
Saxophone	Saxofoia
Tambourine	Danboina
Trombone	Tromboia
Trumpet	Tronpeta
Violin	Biolina

Mythology
Mitologia

Archetype	Arketipo
Behavior	Jokaera
Beliefs	Sinesteak
Creation	Sorrera
Creature	Izaki
Culture	Kultura
Disaster	Hondamendia
Heaven	Zerua
Hero	Heroia
Jealousy	Jelosiak
Labyrinth	Laberintoa
Legend	Legenda
Lightning	Tximista
Monster	Muntroa
Mortal	Hiltzailea
Revenge	Mendeka
Strength	Indarra
Thunder	Tromoia
Warrior	Gudari

Nature
Natura

Animals	Animaliak
Arctic	Artikoa
Beauty	Edertasuna
Bees	Erleak
Clouds	Hodeiak
Desert	Basamortua
Dynamic	Dinamikoa
Erosion	Erosioa
Fog	Lainoa
Foliage	Hostoak
Forest	Basoa
Glacier	Glaziarra
Mountains	Mendia
Peaceful	Bakea
River	Ibaia
Sanctuary	Santutegi
Serene	Serena
Tropical	Tropikala
Vital	Funtsezkoa
Wild	Basaia

Numbers
Zenbakiak

Decimal	Hamartarra
Eight	Zortzi
Eighteen	Hamazortzi
Fifteen	Hamabost
Five	Bost
Four	Lau
Fourteen	Hamalau
Nine	Bederatzi
Nineteen	Hemeretzi
One	Bat
Seven	Zazpi
Seventeen	Hamazazpi
Six	Sei
Sixteen	Hamasei
Ten	Hamar
Thirteen	Hamahiru
Three	Hiru
Twelve	Hamabi
Twenty	Hogei
Two	Bi

Nutrition
Nutrizioa

Appetite	Gosa
Balanced	Orekatua
Bitter	Mingosa
Calories	Kaloria
Diet	Dieta
Digestion	Digestioa
Edible	Jangarriak
Fermentation	Hartzea
Flavor	Zapore
Health	Osasuna
Healthy	Osasuntsu
Liquids	Likidoak
Nutrient	Nutrientea
Proteins	Proteinak
Quality	Kalitatea
Sauce	Saltsa
Spices	Espeziak
Toxin	Toxina
Vitamin	Bitamina
Weight	Pisua

Ocean
Ozeanoa

Algae	Algak
Coral	Korala
Crab	Karramarroa
Dolphin	Iururdea
Eel	Aingira
Fish	Arraina
Jellyfish	Medusa
Octopus	Olagarro
Oyster	Ostra
Reef	Errifa
Salt	Gatza
Seaweed	Alga
Shark	Marrazoa
Shrimp	Gangaba
Sponge	Belakia
Storm	Ekaitza
Tides	Mareak
Tuna	Atun
Turtle	Dortoka
Whale	Balea

Photography
Argazkigintza

Black	Beltza
Camera	Kamera
Color	Kolore
Composition	Osaketa
Contrast	Kontrastea
Darkness	Iluntza
Definition	Definizioa
Format	Formatua
Frame	Markoa
Lighting	Argitasuna
Object	Objektua
Perspective	Perspektiba
Portrait	Bertikala
Shadows	Itzalak
Subject	Gaia
Texture	Testura
Visual	Ikusiz

Physics
Fisika

Acceleration	Azelerazioa
Atom	Atomoa
Chaos	Kaosa
Chemical	Kimikoa
Density	Dentsitatea
Electron	Elektroia
Engine	Motorra
Expansion	Hedapena
Formula	Formula
Frequency	Maiztasuna
Gas	Gasa
Magnetism	Magnetismoa
Mass	Meza
Mechanics	Mekanika
Molecule	Molekula
Nuclear	Nuklearra
Particle	Partikula
Relativity	Erlatibitatea
Universal	Unibertsala
Velocity	Abiadura

Plants
Landareak

Bamboo	Banbua
Bean	Bababa
Berry	Baia
Botany	Botanika
Bush	Bush
Cactus	Kaktua
Fertilizer	Ongarri
Flora	Flora
Flower	Lore
Foliage	Hostoak
Forest	Basoa
Garden	Lorategia
Grass	Belarra
Ivy	Huntz
Moss	Gololdia
Petal	Petaloa
Root	Erroa
Stem	Zurrina
Tree	Zuhaitza
Vegetation	Landaretza

Politics
Politika

Activist	Ekintzailea
Campaign	Kanpaina
Candidate	Hautagaia
Choice	Aukera
Committee	Batzordea
Council	Kontseilua
Equality	Berdintasuna
Ethics	Etika
Freedom	Askatasuna
Government	Gobernu
National	Nazional
Opinion	Iritzia
Policy	Politika
Popularity	Herritasuna
Strategy	Estrategia
Taxes	Zergak
Victory	Garaipioa

Professions #1
Lanbideak #1

Ambassador	Enbaxadore
Astronomer	Astronomoa
Attorney	Abokatua
Banker	Bankari
Cartographer	Kartografoa
Dancer	Dantzari
Doctor	Medikua
Editor	Editorea
Geologist	Geologo
Hunter	Ehiztari
Jeweler	Juanjo
Lawyer	Abokatu
Musician	Musikari
Nurse	Erizaina
Pianist	Pianista
Plumber	Algortako
Psychologist	Psikologoa
Sailor	Marinela
Tailor	Ajustera
Veterinarian	Albaitari

Professions #2
Lanbideak # 2

Astronaut	Astronauta
Biologist	Biologoa
Dentist	Dentista
Detective	Detektiba
Engineer	Ingeniari
Farmer	Nekazaria
Gardener	Gardner
Illustrator	Ilustratzaile
Inventor	Asmatzailea
Journalist	Kazetaria
Librarian	Liburutegi
Linguist	Linguista
Painter	Pintzailea
Philosopher	Filosofoa
Photographer	Argazkilaria
Physician	Medikua
Pilot	Pilota
Surgeon	Zirujaua
Teacher	Irakasle
Zoologist	Zoologoa

Psychology
Psikologia

Assessment	Ebaluazioa
Behavior	Jokaera
Childhood	Haurtzaroa
Clinical	Klinikoa
Cognition	Jakintza
Conflict	Gatazka
Dreams	Ametsak
Ego	Ego
Emotions	Emozioak
Ideas	Ideiak
Perception	Pertzepzioa
Personality	Nortasuna
Problem	Arazoa
Reality	Errealitatea
Sensation	Sentsazioa
Therapy	Terapia
Thoughts	Pentsamenduak
Unconscious	Kontzientzia

Rainforest
Oihana

Amphibians	Anfibio
Birds	Txoriak
Botanical	Botanikoa
Climate	Klima
Clouds	Hodeiak
Community	Komunitatea
Diversity	Aniztaouna
Insects	Intsektuak
Mammals	Ugaztunak
Moss	Gololdia
Nature	Natura
Preservation	Kontserbatzea
Refuge	Errefuxioa
Respect	Errespetua
Restoration	Berrezarri
Species	Espeziea
Survival	Iraupena
Valuable	Balioa

Restaurant #2
#2 Jatetxea

Cake	Tarta
Chair	Aulki
Delicious	Gozoa
Dinner	Afaria
Fish	Arraina
Fork	Sardetu
Fruit	Fruta
Ice	Izotza
Lunch	Bazkaria
Salad	Entsalada
Salt	Gatza
Soup	Zopa
Spices	Espeziak
Spoon	Koilara
Vegetables	Barazkiak
Waiter	Zerberoa
Water	Ura

Science
Zientzia

Atom	Atomoa
Chemical	Kimikoa
Climate	Klima
Data	Datuak
Evolution	Bilakaera
Experiment	Esperimentua
Fact	Egitea
Fossil	Fosila
Gravity	Grabitatea
Hypothesis	Hipotesia
Laboratory	Laborategia
Method	Metodoa
Minerals	Mineralak
Molecules	Molekulak
Nature	Natura
Particles	Partikulak
Physics	Fisika
Plants	Landareak
Scientist	Zientziaria

Science Fiction
Zientzia Fikzioa

Atomic	Atomikoa
Books	Liburuak
Chemicals	Kimika
Cinema	Zinema
Dystopia	Delgado
Explosion	Leherketa
Extreme	Muturrekoa
Fantastic	Zoragarria
Fire	Sute
Futuristic	Futurista
Galaxy	Galaxia
Illusion	Ilusioa
Imaginary	Irudikaria
Mysterious	Misteriosoa
Oracle	Orakulua
Planet	Planeta
Robots	Robotak
Technology	Teknologia
Utopia	Utopia
World	Mundua

Scientific Disciplines
Diziplina Zientifikoak

Anatomy	Anatomia
Archaeology	Arkeologia
Astronomy	Astronomia
Biochemistry	Biokimika
Biology	Biologia
Botany	Botanika
Chemistry	Kimika
Ecology	Ekologia
Geology	Geologia
Immunology	Inmunologia
Kinesiology	Kinesiologia
Linguistics	Hizkuntza
Mechanics	Mekanika
Mineralogy	Petrologia
Neurology	Neurologia
Physiology	Fisiologia
Psychology	Psikologia
Sociology	Soziologia
Thermodynamics	Termodinamika
Zoology	Zoologia

Shapes
Formak

Arc	Arkua
Circle	Zirkulu
Cone	Kono
Corner	Izkina
Cube	Kuboa
Curve	Kurba
Cylinder	Zilindroa
Edges	Ertzak
Ellipse	Elipsea
Hyperbola	Hiperbola
Line	Lerroa
Oval	Obala
Polygon	Poligonoa
Prism	Prisma
Pyramid	Piramidea
Rectangle	Laukizuzena
Side	Albokoa
Square	Karratu
Triangle	Triangelua

Spices
Espeziak

Anise	Anisa
Bitter	Mingosa
Cardamom	Kermanek
Cinnamon	Kanela
Clove	Ken
Coriander	Martinen
Cumin	Kumino
Curry	Prudentziok
Fennel	Mihilua
Flavor	Zapore
Garlic	Bakartxua
Ginger	Ginger
Licorice	Lizartza
Nutmeg	Nutmeg
Onion	Tipula
Paprika	Piperkina
Saffron	Azafria
Salt	Gatza
Sweet	Gozoa
Vanilla	Banila

Sports
Kirolak

Athlete	Atleta
Baseball	Beisbol
Basketball	Saskibaloia
Bicycle	Bizikleta
Championship	Txapelketa
Game	Jokoa
Golf	Golfa
Gymnasium	Gimnasioa
Gymnastics	Gimnasia
Hockey	Hockeya
Movement	Mugimendua
Player	Jokalaria
Referee	Epailea
Stadium	Estadioa
Team	Taldea
Tennis	Tenisa
Winner	Irabazlea

Technology
Teknologia

Blog	Bloga
Browser	Arakatzailea
Bytes	Lartaunek
Camera	Kamera
Computer	Ordenagailua
Cursor	Kursorra
Data	Datuak
Digital	Digitala
File	Fitxa
Internet	Internet
Message	Mezua
Screen	Pantaila
Security	Segurtasuna
Software	Softwarea
Statistics	Estatistika
Virtual	Birtuala
Virus	Birus

The Company
Konpainia

Business	Lanekoa
Creative	Sortzailea
Decision	Erabakia
Employment	Enplegu
Industry	Industria
Innovative	Berritzailea
Investment	Inbertsioa
Possibility	Aukera
Presentation	Aurkezpena
Product	Produktua
Progress	Aurrerapena
Quality	Kalitatea
Reputation	Ospe
Resources	Baliabideak
Revenue	Sarrerak
Risks	Arriskuak
Units	Unitateak

Time
Denbora

Annual	Urtero
Before	Aurretik
Calendar	Egutegia
Century	Mendea
Clock	Erloia
Day	Eguna
Decade	Hamarkada
Future	Etorkizuna
Hour	Ordua
Minute	Minutua
Month	Hilabetea
Morning	Goiz
Night	Gaua
Noon	Eguerdia
Now	Orain
Soon	Laster
Today	Gaur
Week	Astea
Year	Urte
Yesterday	Atzo

Town
Herria

Airport	Aireportua
Bakery	Okindegia
Bank	Banku
Bookstore	Liburu-Denda
Cinema	Zinema
Clinic	Klinika
Florist	Lorentzailea
Gallery	Galeria
Hotel	Hotela
Library	Liburutegia
Market	Merkatua
Museum	Museoa
Pharmacy	Farmazia
School	Eskola
Stadium	Estadioa
Store	Denda
Supermarket	Supermerkatua
Theater	Antzerkia
Zoo	Zoo

Universe
Unibertsoa

Asteroid	Asteroidea
Astronomer	Astronomoa
Astronomy	Astronomia
Atmosphere	Giroa
Celestial	Zeruko
Cosmic	Kosmikoa
Darkness	Iluntza
Equator	Ekuator
Galaxy	Galaxia
Hemisphere	Hemisferioa
Horizon	Zeruertza
Latitude	Latitudea
Moon	Ilargia
Orbit	Orbitzea
Sky	Zerua
Solar	Eguzki
Solstice	Solstizio
Telescope	Teleskopioa
Visible	Ikusgai
Zodiac	Zodiakoa

Vacation #2
Oporrak #2

Airport	Aireportua
Beach	Hondartza
Camping	Kanpinak
Destination	Helmuga
Foreign	Atzerrikoa
Foreigner	Atzerritarra
Hotel	Hotela
Island	Uhartea
Journey	Bidaia
Leisure	Aisia
Map	Mapa
Mountains	Mendia
Passport	Pasaportea
Sea	Itsasoa
Taxi	Taxi
Tent	Karpa
Train	Trena
Transportation	Garraioa
Visa	Bisa

Vegetables
Barazkiak

Artichoke	Orburuak
Broccoli	Brokolia
Carrot	Azenarioa
Cauliflower	Azalorea
Celery	Apioa
Cucumber	Pepino
Eggplant	Berenjina
Garlic	Bakartxua
Ginger	Ginger
Mushroom	Onddo
Onion	Tipula
Parsley	Perrexila
Pea	Ilar
Pumpkin	Kalabaza
Radish	Errefaua
Salad	Entsalada
Shallot	Txalota
Spinach	Espinakak
Tomato	Tomatea
Turnip	Arbia

Vehicles
Ibilgailuak

Airplane	Hegazkin
Ambulance	Anbulantza
Bicycle	Bizikleta
Boat	Itsasuntza
Bus	Autobusa
Car	Autoa
Caravan	Karabana
Helicopter	Helicopteroa
Motor	Motorra
Raft	Almadia
Rocket	Suziria
Scooter	Eskuterra
Submarine	Azpekoa
Subway	Metroa
Taxi	Taxi
Tires	Pneumatikoak
Tractor	Traktorea
Train	Trena
Truck	Kamioa
Van	Furgoneta

Water
Ura

Canal	Kanala
Evaporation	Lurrunketa
Flood	Uholde
Frost	Izotza
Geyser	Geofumadas
Hurricane	Urakana
Irrigation	Ureztatze
Lake	Aintzira
Moisture	Hezetasuna
Monsoon	Montzoi
Ocean	Ozeanoa
Rain	Euria
River	Ibaia
Shower	Dutxa
Snow	Elurra
Steam	Lurruna
Waves	Uhinak

Weather
Eguraldia

Atmosphere	Giroa
Breeze	Brest
Climate	Klima
Cloud	Hodei
Drought	Leortea
Dry	Lehorra
Fog	Lainoa
Hurricane	Urakana
Ice	Izotza
Lightning	Tximista
Monsoon	Montzoi
Polar	Polarra
Rainbow	Ortzadar
Sky	Zerua
Storm	Ekaitza
Temperature	Tenperatura
Thunder	Tromoia
Tornado	Tornadoa
Tropical	Tropikala
Wind	Haizea

Congratulations

You made it!

We hope you enjoyed this book as much as we enjoyed making it. We do our best to make high quality games.
These puzzles are designed in a clever way for you to learn actively while having fun!

Did you love them?

A Simple Request

Our books exist thanks your reviews. Could you help us by leaving one now?

Here is a short link which will take you to your order review page:

BestBooksActivity.com/Review50

MONSTER CHALLENGE!

Challenge #1

Ready for Your Bonus Game? We use them all the time but they are not so easy to find. Here are **Synonyms**!

Note 5 words you discovered in each of the Puzzles noted below (#21, #36, #76) and try to find 2 synonyms for each word.

Note 5 Words from *Puzzle 21*

Words	Synonym 1	Synonym 2

Note 5 Words from *Puzzle 36*

Words	Synonym 1	Synonym 2

Note 5 Words from *Puzzle 76*

Words	Synonym 1	Synonym 2

Challenge #2

Now that you are warmed-up, note 5 words you discovered in each Puzzle noted below (#9, #17, #25) and try to find 2 antonyms for each word. How many lines can you do in 20 minutes?

Note 5 Words from **Puzzle 9**

Words	Antonym 1	Antonym 2

Note 5 Words from **Puzzle 17**

Words	Antonym 1	Antonym 2

Note 5 Words from **Puzzle 25**

Words	Antonym 1	Antonym 2

Challenge #3

Wonderful, this monster challenge is nothing to you!

Ready for the last one? Choose your 10 favorite words discovered in any of the Puzzles and note them below.

1.	6.
2.	7.
3.	8.
4.	9.
5.	10.

Now, using these words and within a maximum of six sentences, your challenge is to compose a text about a person, animal or place that you love!

Tip: You can use the last blank page of this book as a draft!

Your Writing:

Explore a Unique Store
Set Up **FOR YOU!**

BestActivityBooks.com/**TheStore**

Designed for Entertainment!

Light Up Your Brain With Unique **Gift Ideas**.

Access **Surprising** And **Essential Supplies!**

CHECK OUT OUR MONTHLY SELECTION NOW!

- Expertly Crafted Products -

NOTEBOOK:

SEE YOU SOON!

Linguas Classics Team